だから山谷はやめられねえ

「僕」が日雇い労働者だった180日

塚田　努

幻冬舎アウトロー文庫

だから山谷はやめられねえ

「僕」が日雇い労働者だった180日

目次

飯場漂流Ⅰ〜地下鉄編〜　89

プロローグ　大学三年冬の憂鬱

大学三年の冬、僕はアルバイト求人誌を眺めていた。

特にお金に困っていたというわけではなく、田舎の親からの仕送りで生活をする身なので、自分の趣味や遊びに使うお金くらい稼がなくてはと思ってのことだ。欲しいCDや本も山ほどあるし、女の子と遊ぶのにもお金がいる。街を歩けば服だって欲しくなるし、新作のスニーカーだって気になる。もちろん旅行にも行きたい。今どきの大学生なら当然のことだ。そしてまた、ご多分に漏れず、大学の授業にもほとんど顔を出さない。新聞もほとんど読まなければ、選挙にも行かない。

大学に進学した動機も不純だ。大学という枠でやりたいことなど、特になかった。周囲の友人も進学を当たり前のように考えているし、親も進学だけはしろと言う。そんな流れに身を任せて僕も大学に進学した。もちろん、今の時代、大学進学をするか否かで、その後の人生の選択枠が大きく変わることくらい知っていたので、進学自体に悪いイメージはなかった。おそらく僕みたいな感じで進学した人は大勢いるに違いない。まあ、そんな不純な動機で進学を考えていたので大した勉強もせず、平凡な私立大学にしか合格しなかった。

大学進学後はサークル・コンパ・旅行など、自分の好きなことばかりに没頭した。そして気がついたら目の前には就職活動の時期が迫っていた。

だが困ったことに、どうも就職活動をする気になれない。会社という枠の中で何をやりたいかもわからなければ、何を目指して働けばよいのかもわからない。会社の中で従順に働いても、一方的にリストラされてしまう時代だ。「就職」ということに大きな意味を見いだせない。

だが一方で、大学の友人の会話は就職活動の話題が中心となり、一般常識や業界研究といった言葉が飛び交う。茶髪や長髪で粋がっていた友人たちも髪を整え、髭を剃り、ネクタイを締めて立派なリクルート姿に変身する。資格を取る学校に通う者も少なくない。どうして、彼らはそんな簡単に自分をカメレオンのように変身させることができるのか。

しかし、就職願望がないからといってフリーアルバイターになろうというわけではない。今までにいくつものアルバイトを経験しているので、その仕事の単調さと退屈さは重々承知している。時間を自由に使えるというメリットはあるが、僕はその時間を使って実現させるほどの将来のビジョンや夢というものを持っていなかった。一度社会のレールから外れてしまったらなかなか元には戻れない。もちろん卒業したら親からの仕送りは途絶える。タイムリミットはもうすぐ目の前だ。

ところで、肝心のアルバイト求人はというと、飲食店や販売スタッフ、倉庫作業や肉体労働など、ありきたりなものばかりだった。やはりアルバイトというものはどれも似たり寄ったりで魅力に欠ける。すると、ある求人で目が止まった。それは、行政が年末年始にかけて実施するホームレス支援事業を手伝うというアルバイトであった。

ホームレスという言葉に刺激された。普段何気なく駅を歩いていてホームレスの人たちとすれ違うことはあるものの、彼らの生活の実態は僕にとってまったく未知の世界であり、彼らと関わるアルバイトはまるで冒険のように思えた。

ちょっとした好奇心に火がつき、そこで働くことにした。

仕事の内容は、ホームレスの宿泊場所となる施設の警備や清掃、そして食事や歯ブラシや下着などの現物支給だ。警備といっても、別に凶悪犯を見張っているわけではないので特に監視することもなく、暇潰《ひまつぶ》しに話しかけてくるホームレスの話し相手をするくらいであった。

よく駅で見かける、脂でベトベトしたドレッドのような長髪にビリビリに破れた服を着て異臭が漂うような人は一人もいない。みんなそれなりにこざっぱりとした格好をしていて、一見するとホームレスだとはわからない。テレビや雑誌などで報道される涙の感動物語としてのホームレス像とはずいぶん違ったものだった。悲愴感というものはあまり感じられない。

そんな彼らとの話は取り立ててどうということもなく、「飯が不味《まず》い」だとか「景気が悪くてねえ」といった話題ばかりだったが、彼らからある街の存在を教えられると、そのことが気にかかった。横浜に寿町という日雇い労働者ばかりが生活する街が存在することを教えられたのだ。

寿町とは、建築関係の肉体労働を専門に扱う公共職業安定所を中心に、日数で契約をする簡易宿泊所（通称ドヤ）が密集する地域だ。そのような地域は一般的にドヤ街と呼ばれ、東京の山谷、大阪の釜ヶ崎、横浜の寿町が日本の三大ドヤ街に数えられている。そして最近では、ドヤ街での仕事が少なくなって、その失業者が路上に流れてホームレスになっているという。また、今回の支援の利用者にも、そんなドヤ街の住民が多いという。年末年始の仕事のない時期に寝床と食事に加え、歯ブラシや衣類をもらい、さらには散髪までしてもらえるのだ。利用しない手はない。

僕にとって、未知のドヤ街は、謎めいたエキゾチックな存在に思えた。また、今の社会は情報社会とは言うけれど、伝えられていない情報というものが存在しているのに驚いた。

それからというもの、ドヤ街は秘境の地として僕の心に刻まれた。そして僕の好奇心はホームレスからドヤ街へと広がり、その秘境の地を、この目で確認してみたいという衝動に駆られた。ちょっとした探検をするかのようなスリルを覚えた。

※

横浜のJR石川町駅を降りると、普段なら観光地へ行くところだが、反対方面へと足が向かう。秘境の地、寿町を訪れるためだ。寿町は横浜の繁華街のすぐ近くに位置する。大学進学に伴って横浜に来た僕は、その近くによく遊びに行っていたのだが、寿町の存在などまったく知らなかった。

初めは冒険でもするかのように心が弾んだが、どんよりとした曇り空の下を進むにつれ、足取りは次第に重くなる。自分の勝手な好奇心から寿町を訪れようとしているにもかかわらず、寿町に近づくほどに、僕の好奇心は不安感へと変わっていった。

寿町は駅から近く、五分たらずで着いた。

道の真ん中に寝そべる人、路上での焚《た》き火、昼間から酒を酌み交わす人たち、ノミ競馬に群がる人たち、公園で花札や将棋をする人たち、日の当たらない小便臭い道、窓ガラスが割れてボディーがへこんだ車。そんな光景が目の前に、まるで映画のワンシーンのように流れている。なぜ、今の時代にこんな街が存在しているのか。わけがわからない。

一刻も早くここから立ち去りたいと思うのだけれど、僕の足は、意に反して進み続ける。まさに怖いもの見たさだ。一体、この町には何が潜んでいるのだ。

寿町の大きさは約三百メートル四方と小さく、すぐに一周することができる。四階とか五階建てのマンションのような造りのドヤの、一階は定食屋・居酒屋・酒屋・食料品店・雑貨屋・ゲームセンターなどの店舗が入っていて、二階から上が住居になっている。それらを見ただけでも彼らの日常生活の察しがつく。

僕は年末のホームレス支援のアルバイトのときのように、寿町の住人と気軽に世間話でもできるかと思っていたのだけれど、どうやら様子が違った。昼間から集団で道ばたに座ってカップ酒を飲んでいる大人たちは、どう考えても怖いおっさんにしか見えない。上半身を裸にして、入れ墨をこれみよがしに見せている丸坊主の男たちとなんて、一体どうやって話せというのだ。とても一緒にカップ酒でも飲んでわいわい話すような雰囲気ではない。正直言って、いちゃもんをつけられてお金でもせびられるんじゃないかとさえ思えた。

それでも、このまま帰るのも何だかしゃくに思えたので、比較的綺麗な作業着姿の五十歳くらいの男を見つけると、とりあえず声をかけてみた。酒も飲んでなさそうだし、髪もスポーツ刈りでこざっぱりして、街ですれ違っても違和感のない風貌《ふうぼう》だった。

「最近、仕事ありますか？」

学生風の若者に突然話しかけられたせいか、男は少し驚いた表情を浮かべた。

「仕事があったら昼間からこんなところにいねーよ」

もっともすぎて返す言葉が見つからない。なんでもいいから話さなくてはと思い、適当に言葉を並べた。

当たり障りのない会話を続けると男の口が軽くなってきたので、今度は名前を尋ねた。すると、男の黒くて皺《しわ》だらけの顔が、一瞬で硬直した。まずいと思うやいなや、きつい言葉が返された。

「兄ちゃんよー、初めてここに来たんじゃしょうがねーけど、ここじゃ人の名前は訊くな。それなりの事情を持ってきてる奴がいっからよ。過去に触れるようなことは訊いちゃ駄目だ」

僕はドヤ街では人の名前や過去を訊かないというのが暗黙のルールとなっていることを、以前誰かから聞いて知っていた。ドヤ街には家族の前から失踪した者、借金から逃げている者、前科者など、様々な過去を持つ人が生活しているといわれている。知られたくない過去を持つ人が少なくないのだ。

このような反応はある程度予測していたが、思ったよりスムーズに会話が進んだので期待感もあり、残念に思えた。やはり、ドヤ街の住人の本質に触れるのは困難なようだった。

ドヤ街の住人にしてみれば、僕と話をしても得をすることもなければ、話さなければならない理由もない。寿町は興味本位の野次馬根性で訪れるような場所ではなかった。僕はドヤ街を訪れたことを後悔していた。

　不慣れな場所に来たせいか、一時間も経《た》たないうちにすっかり疲れてしまった。そして、これ以上彼らの世界に入っていけないことに気づくと、この異様な空間から逃げ出したくなった。

　僕はたまらなくなり、その場から逃げ出した。

　街から一歩踏み出すと、普段の見慣れた景色に包まれ、何ともいえない安堵《あんど》感を覚えた。その安堵感を噛《か》みしめながら、僕は来た道を引き返し、駅へと向かった。

　電車に乗り、窓から外を眺めていると、さっきまでの体験は本当にあった出来事なのかと思えた。ただの白昼夢だったのではないかとさえ思えてくる。はたして、経済発展を遂げた日本の、しかも横浜の平穏な観光名所のすぐ近くに、本当に実在する場所なのだろうかと。

そんなことを考えていると、目の前には、近未来的な高層ビル群が、まるで遠い世界のように流れていった。

　電車から降りると、普段なら目をそらしてさっさと通り過ぎてしまうホームレスの姿がしきりに気になる。

　彼らは人生の負け犬なのか？　その横をセカセカと通り過ぎる疲れたサラリーマンや丸く太った中年女性は人生の勝者なのか？　そして僕はどちら側の人間なのか？

今のところ、僕はまともに就職活動をする気もなく、親のスネを齧《かじ》っている駄目な大学生でしかない。ここで就職の道を選ばないで社会からはみ出したら、もう僕は社会のレールに戻れないのか。人生の負け組になるのだろうか。やはり、みんなと同じように就職すべきなのか。

考えれば考えるほどに、だんだん憂鬱《ゆううつ》になってくる。

山谷漂流

だから山谷はやめられねえ

高田馬場人間市場

大学の仲間が就職内定をもらい、残された大学生活を優雅に過ごしているころ、僕はいまだに一人足踏みをして、一歩も前に進むことができないでいた。僕は彼らと同じ就職という道を選ぶことができなかった。結局、一社も入社試験を受けなかった。

僕は、今後の人生を大きく左右する就職というものに対して、どのように向かい合ってよいのかわからなかった。自分の人生を賭けられる仕事というのを見つけることができなかった。こんな状態で安易に就職したら、このまま人生が流されて終わってしまうように思えた。また、得体のしれない社会というものの中に入っていくのが怖くもあった。

そしてドヤ街の存在を知った僕は、社会のレールから外れてしまった彼らの価値観や生活観を理解することによって、社会に対する自分自身のもやもやとした霧のような違和感が晴れるのではないかと予感した。

それから僕は、ドヤ街の人々の実態を知ろうと、ドヤ街の失業者やホームレスたちに炊き出しをするボランティアに参加した。

ボランティアに参加することで、彼らの生活を見たり、会話をしたりすることはできた。

でも、それは「する側」と「される側」という関係を背負ったものであって、彼らの本来の姿ではない。僕が知りたかったことは、そんなことではなかった。

定職につかず、定まった家も持たず、家族も持たない、そんな一般社会の価値観からはみ出した世界で生活する人たちが、どのように僕たちの社会を見て、そしてどんな人生観を持って生きているかということを知りたかった。そうすることによって、僕が疑ってやまない社会というものの姿が、浮き彫りになるように思えた。また、就職活動すらできなかった自分が納得のいく、僕なりの社会との関わり方が見つかるように思えた。

また、そんなアウトローな生活が、日本の社会の中からどのようにして生み出されたのかも知りたかった。そして僕はそれらを、ボランティアとかではなく、自分の目で、自分の肌で感じ取りたかった。

僕は大学を卒業してからしばらくの間、ドヤ街の人間と深く関わってみようと思った。そして、社会や親に対しては、大学院で勉強をするという大義名分を作った。

ちなみに、僕が選んだ大学院のゼミは、ノンフィクションの分野で知られている宮本常一《みやもとつねいち》という民俗学者の系譜を汲んだところだった。ガチガチの堅苦しい学問ではないので、自分で関心のある対象（文化や地域や人）を実際に歩いて、見て、聞いて、何かを書けば、テーマや題材は自由だった。そこでなら、自分の関心を追うことができるように思えた。

しかし、大学院に進学してみたものの、僕は何をするでもなく、今までと何も変わらない平凡な日々を過ごしていた。

目が覚めてテレビをつけると、ブラウン管からはお昼のバラエティー番組「笑っていいとも！」が流れていて、タレントたちが妙に高いテンションでトークをしている。タレントさんも頑張って働いているのだから、さすがに起きなくてはいけないなと思って、一応大学には行ってみるのだけれど、学食で学生に囲まれながら一番安いうどんをズルズルと啜《すす》っていると、あまりにも他の学生たちが眩《まぶ》しく見えてたまらなくなり、図書館に避難する。そこでも、初めは真面目《まじめ》に本を開いているのだけれど、気がつくとビデオコーナーで昔の映画に見入っている。たまに大学院に顔を出してみるのだけれど、議論好きの院生の話についていけず、一人取り残された。とてもそこが自分の居場所だとは思えなかった。場違いな気がした。大学に行けば行くほど、居心地の悪さばかりが大きくなった。

それでも、そんなにだらだらとした自分というのもさすがに好きになれないので、一応何かをしなければとは思う。もちろん周囲を見れば、焦りもする。

そんなわけで、ようやく重い腰を上げた。僕は高田馬場へと向かった。ちょうど夏の盛りの晴れた暑い日のことだった。

高田馬場には簡易宿泊所を伴うドヤ街はないが、日雇い労働者が仕事を求めに来る寄せ場

（日雇い肉体労働を主とした労働斡旋《あっせん》の場）がある。そのことを誰かから聞いていたので、以前からその様子を見てみたいと思っていた。

高田馬場の寄せ場は駅近隣の公園で早朝に開かれている。僕が一人暮らしをしている横浜のアパートからでは始発に乗っても間に合わないので、その公園で夜を明かそうと考えた。

薄暗い月光に照らされた夜の公園は、何とも不思議な空間だ。帰宅途中のサラリーマン、たむろする少年たち、ベンチで肩を寄せ合うカップル、そして鍋を洗うホームレス。それらが街灯にうっすらと照らされ、秘密めいた怪しさを醸し出す。

公園に住むホームレスの様子を観察しながら、寝床になりそうなベンチを見つけようと探したが、ほとんどのベンチがカップルに占領されていた。おまけに、公園でホームレスを野宿させないために、どのベンチも少し小さめで、カップルはベッタリとくっついてイチャついている。こちらにその気がなくてもついつい視線が向いてしまう。ベンチのすぐ後ろにはホームレスの小屋が立ち並んでいるというのに、まったくよくやるものだ。

のぞきと間違われるのもしゃくなので、カップルを避けるようにして歩いていると、公園の隅の方にうまい具合に横になれるサイズのベンチを発見し、何とか今夜の寝床にありつくことができた。

ところが、明日は早いというのに、一向に眠りにつくことができない。野宿に対する気の高ぶりもあったが、ブルーシートの小屋から聞こえてくる話し声が気になって仕方がなかったのだ。

小屋の入り口は開け広げられ、二人の男を確認できた。男の声ははっきりとは聞き取れないが、ときどき大きな声を張り上げるので、途切れながらの会話が耳に届いた。

「あにきー、許してくれよー」

「おまえに兄貴なんて言われる筋合いなんかない！　だいたい誰のおかげで酒が飲めると思ってんだ！」

「俺が悪かったよー、許してくれよー」

「うるせー、さっさと出てけ！」

こんな調子の会話が四時ごろまで続いたので、結局僕は一睡もすることができなかった。

翌朝五時近くになると、昨夜《ゆうべ》はまったく物音がせず、はたしてこの中に人が住んでいるのかと思っていたブルーシート小屋の中から、ホームレスがまるで冬眠からさめた動物のようにゴソゴソと起き出してきた。男たちはそのままノソノソと歩いて公園内の公衆便所に行ったり、辺りで立ち小便をしたりする。水飲み場はペットボトルに水を汲んだり鍋を洗ったりするホームレスで賑《にぎ》わう。

清々《すがすが》しい朝の公園は、何もホームレスのためだけにあるわけではない。夜明けとともに公園の一日が始まると、犬の散歩をする人やジョギングをする人が、ホームレスの脇をまるで何も見なかったかのように通り過ぎる。

同じ公園の中でも、ホームレスとそれ以外の人の間には、「見えない壁」が確実に存在している。昨夜のカップルもそうだが、すぐ隣にいる彼らのことを、まるで目に入っていないかのように振る舞うのだ。でも、本当に見えないわけではなく、確実に視界には入っているはずだ。

だが、それは一人の人間としてではなく、都市の一風景として映っているようだ。そして僕も紛れもなく、「こちら側」に属していた。その「見えない壁」が越えられない。ホームレスは隣にいるにもかかわらず、あまりにも遠い存在だった。

高田馬場に行けば何かがあるのではないか、そして今までとは違った世界に一歩踏み込めるのではないかと、根拠のない期待を抱いて家を出たものの、僕は「こちら側」と「あちら側」との間に挟まれたまま、ただの傍観者にしかなり得なかった。

ところで肝心の寄せ場だけれど、いくら公園の中を歩き回っても、一向に見つけることができない。不景気のために労働市場が閉鎖されてしまったのではないかと頭をよぎった。

結局、寄せ場は見つからなかった。昨夜は一睡もしていなかったこともあり、僕は諦《あきら》めて帰ることにした。

ところが駅に向かう途中、作業着姿の日雇い労働者風の男がやたらと目についた。その流れは、ある方向に向かっている。僕は後を追い、線路の反対側へと向かった。

唖然《あぜん》とした。そこには、百人以上の労働者の群が広がっていたのだ。

寄せ場はさっきの公園ではなく、線路を挟んで反対側の公園で開かれていたのだ。

公園の脇には手配師が乗ってきたワゴンが五台ほど止まり、その周りを労働者が囲んでいる。手配師とは、日雇い労働の紹介を専門にした仲介人のことだ。手配師は仕事を紹介する代わりに、給料から一定額を天引きして生計を立てている。

寄せ場には、作業着で身を固めている人から、スラックスにシャツと革靴という一見労働者に見えない人まで、その姿は様々だ。でも、片手にスポーツバッグや紙袋を手にしている姿は一様で、働く準備が整っていることを示している。

公園の中では、夏だというのに焚き火が煙を上げ、その横では花札をしているグループもある。さっそく仕事を手に入れるのを諦めたのか、ビールやカップ酒を飲む姿もちらほら見受けられる。一体、この中で何人の男が仕事にありつけるのだろうか。

年齢は、下は三十代ぐらいから、上は本当にこの人が力仕事をできるのかと疑いたくなるほどの高齢者までいる。だが、いくら年齢層が広いとはいえ、その中心は四十代から五十代で、間違っても僕のような学生風の姿はない。

十分も経つと、僕は寄せ場の雰囲気に圧倒され、まるですべての視線がこちらに向いているように感じ、たちまち居心地が悪くなった。そして僕の足は、次第に駅の方へと向かっていた。結局、一歩も前に踏み込めないまま、悔しさと情けなさでいっぱいのまま公園を立ち去った。

その帰り道、駅近隣でも労働市場が開かれているのを発見した。コンビニエンスストアの横にワゴンが止まり、手配師らしき男が二人、そして周辺に労働者と思われる男たちが二十人ほど立っているという小規模なものだが、それは確かに手配師による労働市場だった。

駅近くの寄せ場ならサラリーマンなどの一般人も通行しているので、僕でもじっくり様子を見ていられると思い、そのまま道にしゃがみ込んだ。

手配師に声をかけられた男は、地図で場所を確認させられてヘルメットを渡されると、改札の方へと消えていった。自分から手配師に売り込む者はなく、ただじっと声のかかるのを待っている。若い男は俺を選べとばかりに仁王立ちし、年老いた男はしゃがみ込んだり壁に寄りかかったりと、もはや諦めているようにも見える。そして僕が働くだろうと思った男に手配師も声をかけている。

高田馬場の寄せ場

労働者の数は減り始め、労働市場は終わろうとしていた。そろそろ僕も帰ろうと思ったが、寝ていないせいか、体が怠《だる》くて立ち上がるのさえ面倒くさかった。すると、目の前に黒い影がスッと現れた。

顔を上げると、手配師が立っていた。

「行くか？」

手配師が小さい声でぼそっと言った。自分にかけられた言葉かどうか判断がつかなかったが、僕は咄嗟《とっさ》に「はい」と小声で返事をしていた。

決して合わすことのない視線と低音の小声が、まるで何か裏世界での取引をしているかのような雰囲気を演出し、スリルを感じさせた。

だが、僕は迷っていた。今日は軽い下見のつもりで来ていたので、心の準備はいうまでもなく、服装もジーパン・Tシャツ・スニーカーと、働く用意は何一つ整っていなかった。このまま一緒についていっていいのか判断がつかなかった。でも、こんなチャンスはいつ巡ってくるかもわからないので、半ばやけになって男の後についていった。

手配師は僕が不安だったのを見抜いたかのように言った。

「土方は初めてか？　俺の言うとおりやってりゃ大丈夫だから、心配すんな」

改札に着くと手配師は「四百五十円の切符を買え。金はあるか？」と言った。僕はそのくらいの現金は持っていたが、他の労働者はそれすら持っておらず、手配師に千円ずつ借りた。寄せ場に集まる労働者はそのくらいせっぱ詰まった人が多いのだろうか。

　僕らはいくつか電車を乗り継いで東京の西側へ移動すると、新小平《しんこだいら》駅で下車した。

　男たちは現場に着くと、まず作業着に着替える。作業着を持っていないことを手配師に伝えると、手配師は渋い顔をしながら頭から足の先までを舐《な》めるようにジロッと見ると、「あぁ、かまわねーよ」と言った。怒りだして帰れと言われるのではないかと少し不安だったのでほっとした。

　実際のところ、土木現場ではみんな作業着を着ているが、動きやすい格好なら基本的には何でもよい。ただ、靴は地下足袋《じかたび》か安全靴が好ましい。地下足袋が一番動きやすいが、ゼネコン（大手総合建設会社）の建築現場だとつま先に鉄板の入った安全靴を履くことが義務づけられている。だが、寄せ場で斡旋される仕事は小規模の現場が多いので、地下足袋を履くのが一般的で、地下足袋を持ってないと仕事を断られることもある。

　現場では、すでに仕事が開始され、巨大なユンボ（ショベルカー）が轟音《ごうおん》を立てながらトラックに残土を積んでいる。そこは新築マンションの建築現場だった。

　男たちはコンビニエンスストアで買った軽い朝食を済ませると、ヘルメットをかぶって作業に取りかかった。

僕に与えられた仕事は、砂利山からスコップで砂利をネコ（手押し一輪車）に積んで、決められた箇所まで運んで砂利を敷く作業だった。隣にいた男に一度お手本を見せてもらうと簡単そうな仕事に思えたので、さっそくスコップを手にしたものの、これがまったく思うようにいかない。スコップが砂利に深く食い込まないのだ。

それを見かねたのか、男は「兄ちゃんこうやんだよ」と、もう一度手本を見せた。なるほど、男がスコップに体重を乗せて足で蹴り込み、梃子《てこ》の原理で砂利を返したのに対し、僕は手の力で力任せにスコップを突き刺し、腕力で砂利を掻《か》き出していたのだ。

何度かやるうちにコツを摑《つか》むことができたが、単純な作業が続くと、いつまで同じことをやらされるのかと嫌気がさしてくる。そして作業を始めてから一時間は経っただろうと時計を見ると、まだ三十分しか経っていない。

すると、「おーい、兄ちゃんこっち来いやー」と声がかかった。そして「ここ掘れや」と、石灰で書かれた一メートル四方の枠を指差した。

隣に掘られた穴を見ると、八〇センチほどの深さがあった。さすがにこの深さまで掘り下げるのは一筋縄ではいかなさそうだ。だが、遅いか早いかの差はあれ、五体満足な者なら穴掘りなんて誰でもできる作業なので、できないとは言えない。

掘り始めると、土は思ったほど硬くなく、これなら何とかなりそうであった。ところが掘りすすめるにつれて土は水分を含んで重くなり、また、大きな石が埋まっていて掘るのを妨げた。

　狭い場所を深く掘るのは思ったより難しい作業だ。穴を垂直に掘り下げ、底を四角形にしなければならないのだけれど、お椀《わん》形にしかならない。おまけに、土を高いところまで持ち上げるので腰や背中に負担がかかった。

　夏のギラギラとした太陽に照りつけられると、ヘルメットに蒸された頭から汗がタラタラととめどなく流れ落ち、目に入ってしみた。着替えのない服は、瞬く間に泥だらけになる。スコップを力いっぱい蹴り込み、ザクリと土を切ると、天に向かって投げ上げる。顔に土がかかるが、拭《ふ》くタオルすらなく、口の中で砂がジャリッと嫌な音を立てる。いつになったら休めるのか。陽のあたらない机の前ですっかり衰弱してしまった筋肉が弱音を吐く。

　もう体力の限界だと思っていると、頭上から声がかかった。

「おいっ、来るときにもう一人いただろ。奴《やっこ》さん怪我《けが》して向こうで休んでっから、荷物持っていって、もう帰れって言ってこい」

　周りを見ると、人数が一人足りない。僕が穴と格闘している間に怪我をした人がいたのだ。

　現場裏の空き地に回って荷物を届けに行くと、男はとても痛そうな顔をしてしゃがみ込んでいた。男にどうしたのかと訊くと、肋骨を強打したという。痛くて横になれないほどで、とても一人で帰れる状態ではなかった。僕は「しばらく休んでなよ」と声をかけると、荷物を置いて現場に戻った。

現場では、怪我をした男の話で持ちきりだった。

「あの給料泥棒が！」

「わざわざ怪我しにここまで来るとはご苦労なこった」

「救急車なんか呼ばれたら後々めんどくさいから、早く帰さねーとな」

「労災目当てでわざとやったんじゃねーのか」

現場で怪我をした者は、とたんに邪魔者扱いされる。明日は我が身かもしれないのに、その対応はあまりにも冷たい。怪我をした男はいつの間にか姿を消していた。

その後も僕は、昔の流刑《るけい》に処された罪人のように黙々と穴を掘り続けた。

一緒に働いていた男は、ここの現場は特にきつい仕事だと言った。この穴掘りの作業は、他の現場ならこまめに休憩を入れるらしい。そして男は周りに聞こえないようにこっそり、「こんな日もあるさ、運が悪かったと思って諦めな」と漏らした。

最近の寄せ場の状況を尋ねると、やはり仕事が少ないらしく、アブレる（仕事にありつけない）ことが多いという。東京の有名なドヤ街である山谷の方には行かないのかと尋ねると、

「あそこは柄が悪いからね」と首を横に振って渋い顔をした。

五時十分前になると作業が終了した。作業を終えて自分の掘った穴を見下ろすと、言い知れぬ充実感を覚えた。

帰り際に給料袋を開けると一万二千円入っていた。銀行に数字として振り込まれる給料とは違い、その日の労働の対価を現金で手渡しされると感激もひとしおで、一日の疲れが吹き飛ぶような気がした。

僕は帰りの電車の中で興奮していた。他の人にしてみればただの一日のアルバイトかもしれないが、僕にとっては違う意味を持っていた。寄せ場を仲介して建築現場に入ることができたのだ。

この調子でいけば、ドヤ街の中にも入れるのではないかと思えた。もちろん、ボランティアでもなく、傍観者でもなく、彼らと生活を共にする労働者の一員としてだ。

今まで彼らの世界に踏み込めなかったのは、その一歩を踏み込むのを恐れて、年齢などを理由に逃げていたからだった。見えない「壁」は初めから存在していたわけではなく、先入観によって僕自身が作りあげていた「壁」だったのだ。

こんな簡単なことに気がつくまで、一年半以上もかかった。偶然の一日の労働が、僕にきっかけを与えてくれた。僕はドヤ街の生活にもう一歩踏み込んでみようと思った。

山谷に潜入

かつて東京には泪橋《なみだばし》という有名な橋があった。その橋は、罪人が刑場へ引かれるさいに家族が涙で別れを告げたと語られる。現在ではその橋はなく、名前だけが残るただの交差点だ。

この交差点を南下した一角が、東京のどん底、悪の巣窟《そうくつ》と言われる山谷になる。山谷は、公共職業安定所を中心としてドヤが二百軒近く密集したドヤ街で、単身男性の日雇い労働者で形成されている。その人口は六千人とも八千人とも言われていて、日雇い労働者特有の流動性や景気の変動によって出入りが激しい。

以前は家族で暮らす者も多かったが、東京オリンピックを境に都営住宅に入居させられたため、今では女性や子供の姿を見かけることはない。また最近では、住人の高齢化が進み、生活保護などの福祉受給者も少なくない。

そしてついに僕は、そんな泪橋を渡ったのだが、山谷に足を踏み入れたという実感はあまりない。昼間のせいか、労働者の姿もほとんど見あたらない。これならただの下町の風景といった感じだ。

小道に入ると古い二階建てのドヤが建っているが、ただの古いアパートのようにも見える。

そしてしばらく歩くと、いつの間にやら辺りは一般の住宅街に変わっていた。

山谷には他の住宅街とのはっきりとした境界線は存在しない。街の中には、大衆酒場・食堂・立ち飲み屋・パチンコ店などがあるが、街自体に活気やエネルギーというものは感じられない。かつてこの街で労働者による暴動が何度も起こったというのが信じられない。

山谷は暴動事件がきっかけで全国的に知られるようになったという。暴動は、ドヤの番頭と宿泊者のケンカに対する警察の処置の仕方や、飲食店の従業員と客のケンカの処置、酔っぱらいに対する警官の取り扱いなどをめぐって勃発《ぼっぱつ》した。そして山谷の住人たちは山谷のシンボルでもある三階建ての交番、通称マンモス交番に押しかけて投石暴行などを行った。機動隊も動員されるなどして、山谷は社会問題として括《くく》られることになった。

山谷の中を一周してしまうと、今夜の宿を決めることにした。

現在の山谷のドヤは、大きく三種類に分類することができる。

一つは相部屋のドヤだ。部屋の中に「カイコ棚」と呼ばれる二段ベッドが数台置かれている相部屋で、一人に割り当てられるスペースはたったの一畳。このタイプのドヤは最も安価で、一泊八百円から千円で泊まることができる。また、山谷特有のドヤでもある。

二つ目は木造の個室のドヤ。三畳程度の部屋で、共同トイレ、共同浴場がある。宿泊費は一泊千四百円から二千円程度。

そして三つ目はビジネスホテルタイプのドヤ。鉄筋コンクリート造りで、外壁はタイル等で覆われていて綺麗だ。宿泊費は高く、一泊二千三百円からになる。中には一泊四千円近くする高価なドヤもある。このタイプだと、日当の高い職人クラスでないとそうそう泊まることができない。

いずれのドヤも一日ごとに宿泊代を払う仕組みになっていて、現場と飯場を行き来する日雇い労働者向きになっている。もちろん、まとめて先払いすることも可能だ。

僕は相部屋のドヤに泊まることにした。相部屋にはプライバシーがないので、山谷の日雇い労働者の日常生活を知ることができると思ったからだ。

日ノ出ハウスというドヤを選んだ。日ノ出ハウスは鉄筋コンクリート四階建てで、定員は約六百五十人と山谷で最大級の収容能力を持っている。ドヤとしては巨大な、まるで総合病院を連想させるような出《い》で立ちの日ノ出ハウスは、マンモス交番の建つ大通りに面しているので、比較的入りやすさを感じさせた。

だがそうはいうものの、なかなか中に入ることができず、僕は入り口の辺りでうろうろするばかりだった。凶暴な男たちばかりなのではないか、絡まれたらどうしよう、探偵やスパイと間違われたらどうしようと、そんな不安でいっぱいだった。

それでも、ドヤ街の大きな特徴として匿名性というものがある。わけありな過去を背負っ

山谷日ノ出ハウスの一室

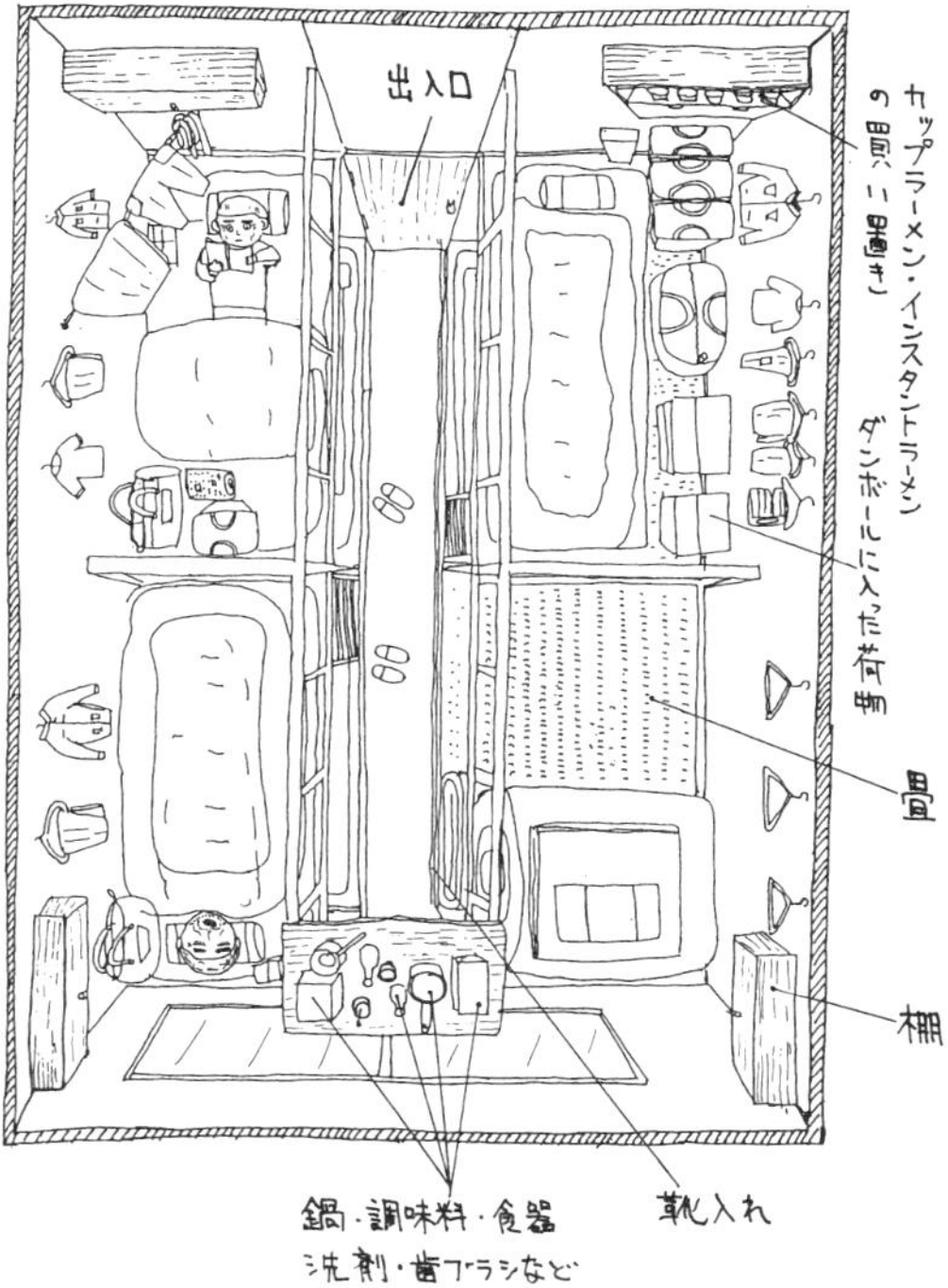

ている者が少なくないこの街では、相手の名前や過去を尋ねないことが不文律となっているので、若い僕が入っていったとしても問題はないはずだ。そんなことを自分に言い聞かせると、意を決してドヤの中に入った。

「泊まりたいんですけど、空いてますか？」

従業員は僕の若い風貌を見て一瞬驚いたような表情を見せたものの、いたって平静に、ここに名前を書いてくださいと、名刺ほどの大きさの紙を差し出した。

宿泊料金の千円を渡すと部屋まで案内された。思いのほか簡単にドヤに潜入できたので、こんなに簡単なのかと、今までボランティアなどに参加して足踏みをしていたことが馬鹿らしく思えた。

廊下の両サイドに並ぶ部屋は、どの部屋もドアが開け広げられていて、中の様子が丸見えだ。ベッドの上で本や漫画を読む人や眠っている人が見える。廊下では上半身裸のパンツ一枚でブラブラ歩く人とすれ違い、見たくもないのに入れ墨が目に入る。

どんな男たちと同室なのかと、興味と不安が混ざり合ってハラハラしながら部屋に入ったが、部屋の中はもぬけの殻だった。

部屋は六畳間で、天井はやや高めだ。二段ベッドが据えつけられていて、八人部屋になっている。部屋には誰もいないが、壁に掛けられた作業着・下着・タオルや、棚に置かれた鍋・

調味料・食材などが、彼らがそのうち戻ってくることを暗示している。

　僕のベッドは入り口を入ってすぐの右下であった。半分に畳んである薄っぺらい布団を広げて横になった。シーツと枕カバーはサラッとしていて、それほど不潔ではなさそうだが、見えるものは上段のベッドくらいで、目のやり場がなくて落ち着かない。少し横になった後、日の暮れないうちに作業ズボンと地下足袋を買いに出かけた。

　ドヤの向かいの作業着屋に入り「作業ズボンと地下足袋が欲しいんですけど」と声をかけると、五十歳くらいの女性の店員はいくつかの作業着や足袋を持ってきた。どれも似たようなものにしか見えないが、五百円前後値段が違う商品もある。

　僕は丈夫な方がいいと思ったので、値段の高い商品を選ぼうとすると、おばさん店員は、

「お兄さん若いから、まだ安いのにしておいた方がいいよ」

と、勝手に選んでしまった。値段の高い方がしっかりしてそうだと思ったが、おばさん店員によると、若い新人がベテランの人より高い物を身につけているとよく思われないのだそうだ。

　ドヤ街の住人はみな同じように見えるが、服装などでそのランクが目に見える。例えば、とび職人はダボダボのニッカをはくが、土工などの未熟練の労働者はそれをはかない。僕は何でも格好から入ってしまうタイプなので、派手なダボダボのニッカにねじり鉢巻きでもし

主な作業用具・道具

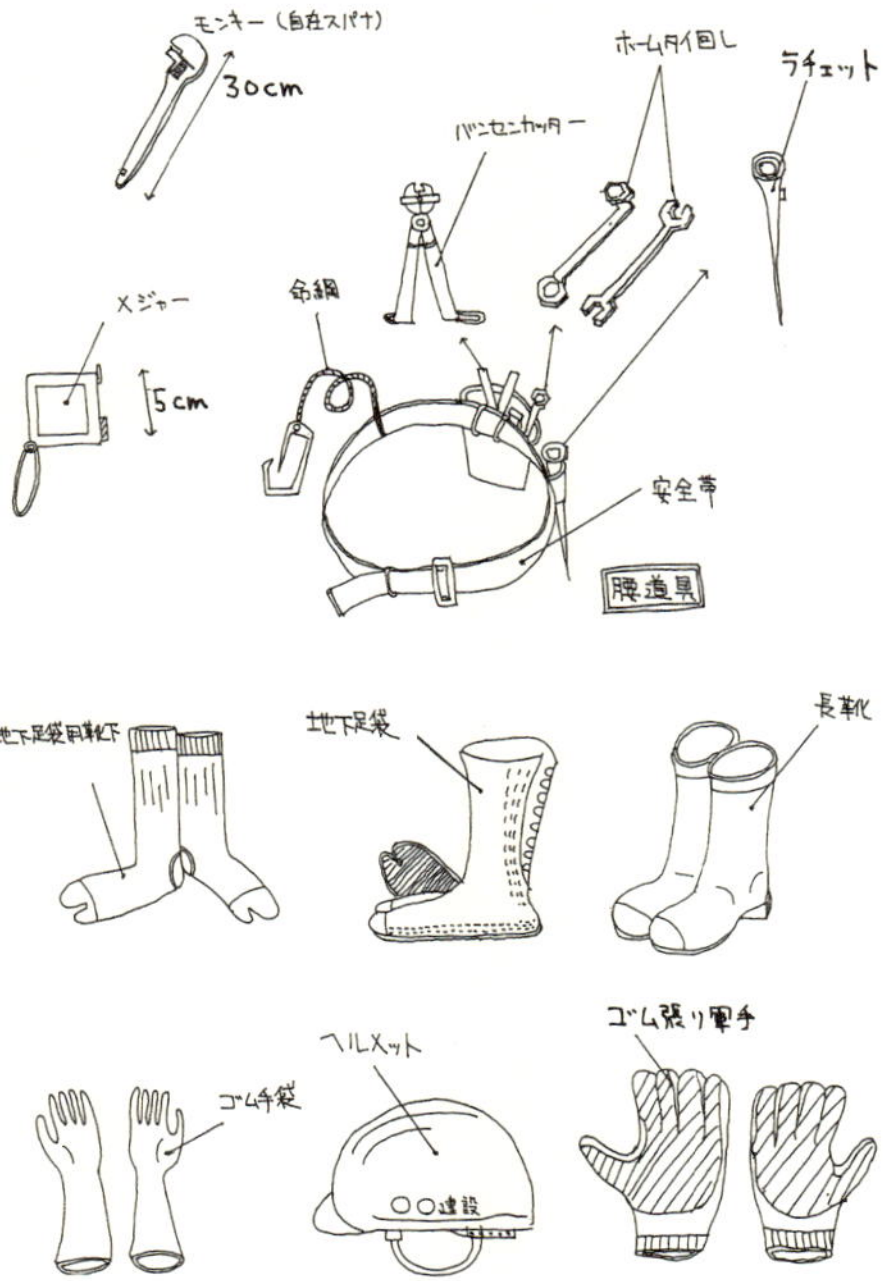

モンキー（自在スパナ）
30cm
ホームタイ回し
ラチェット
バンセンカッター
メジャー
命綱
5cm
安全帯
腰道具
地下足袋用靴下
地下足袋
長靴
ゴム張り軍手
ヘルメット
ゴム手袋
○○建設

作業着姿

土工に多いタイプ　　職人に多いタイプ

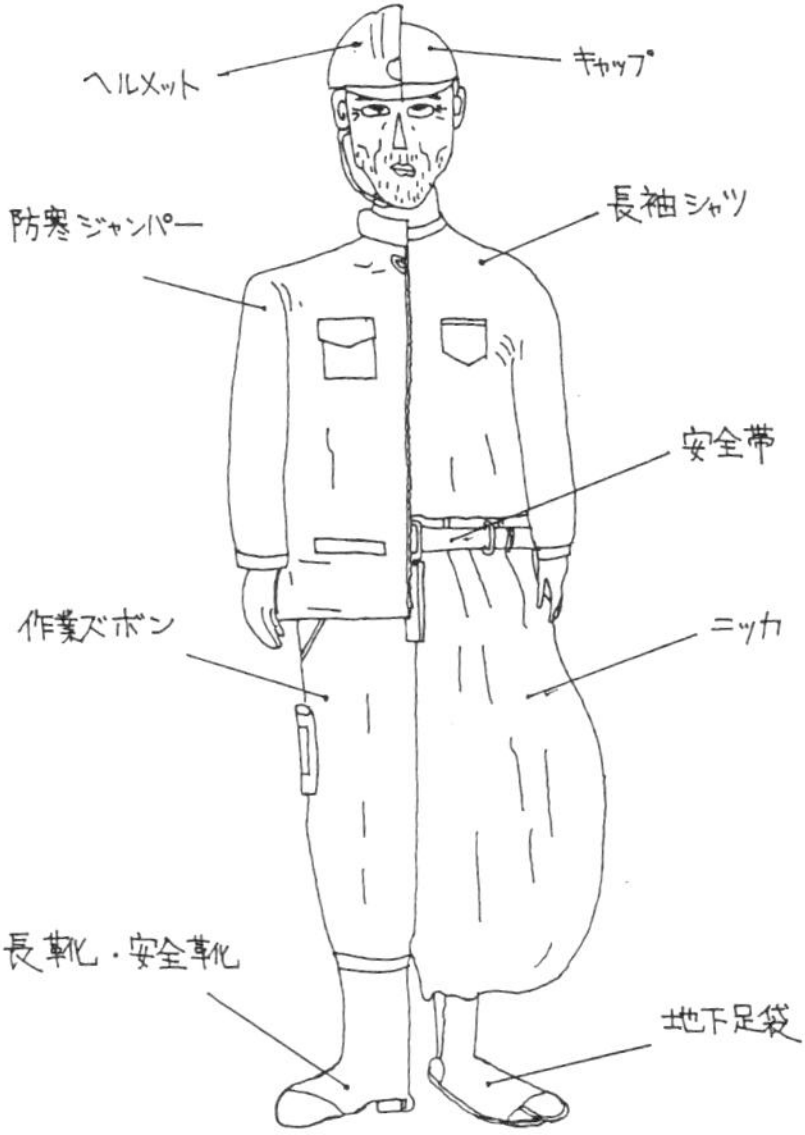

たい気分だったが、さすがに職人でもないずぶの素人では許されない。それでも足袋だけは丈夫なのを買った方がいいと言われ、しきりに「力王《りきおう》（足袋のメーカー）にしておきな、もちが違うから」とこだわっていた。

宿を確保して作業着の準備も整うと、安心したせいか急に腹が減った。

山谷の中には蕎麦屋・寿司屋・定食屋などの飲食店があるが、客は酒を飲み、店内はどこもまるで居酒屋のようだ。夕方になり仕事を終えた労働者が帰ってくると、街にも活気が戻ってくる。どの店に入ろうか迷いながら歩いていると、賑やかそうな大衆食堂が目につき、その雰囲気に惹《ひ》かれるまま暖簾《のれん》をくぐった。

「いらっしゃいっ、こっち来てよー」

店に入るやいなや僕の両腕は、四十歳くらいのおばさんと二十歳くらいの女の子に摑まれていた。二人とも僕の腕にぴったりとくっつき、自分の担当するテーブルに座らせようと引っ張りあう。

何だこの店はと驚きながらも、困ったことに、僕の足は勝手に若い女の子の方へと向かってしまった。若いだけでなくわりと可愛かったのだ。

女の子の店員に腕を引かれるままテーブルについた。それなりの店ならどうということもないサービスなのだろうが、その女の子は割烹着《かっぽうぎ》を身につけた定食屋の従業員なので、そのギャップがおかしかった。そして外見からではわかりづらいが、会話の発音から彼女たちがアジア系の外国人であることがわかる。

店内は広く、ざっと百人以上は入りそうだ。その店内を十数人の女性従業員が料理やお酒を運ぶ合間をぬって、喋《しゃべ》ったり、客と一緒に飲み食いしたり、お尻を触られたりしている。まるで、B級キャバクラ食堂といった感じだ。

壁一面に貼られたメニューの品数は豊富で、野菜炒め二百円、豚生姜焼き二百五十円、鯖の味噌煮百五十円、生ビール中ジョッキ二百八十円、チュウハイ二百円、ウイスキー百五十円と非常に安く、労働者にはまさにうってつけの店だ。

「おニイさん若いね、いくつ？　十代？」

客層は四十代から五十代の労働者風の男が中心なので、僕のような若い客は珍しいらしいのか、驚いた様子だ。

「おネエさんはいくつ？」

「ワタシ二十一」

「おネエさん、どこの国から来たの？」

「福建省ね、あの人と同じ、親せきね」

そう言うと、彼女は隣のテーブルのおばさんを指差した。

ここの客はたいてい一人か二人で来る者が多く、決まったおばさん（ごく稀《まれ》に女の子）が担当するテーブルに座る。そして、同じテーブルに座った者同士は馴染《なじ》みの常連だったり、顔見知りだったりして、一緒に酒を飲み、テレビを見ながら賑やかにやっている。ドヤ街の飲食店はただ単に飲み食いをする場所としてだけではなく、コミュニケーションの場としても機能している。

九時ごろに食事を済ませると、日ノ出ハウスに戻った。

部屋に入ると、住人はみんな寝ていた。僕のイメージするドヤの夜とは、かなりの偏見かもしれないけれど、酒を飲み、博打《ばくち》を打ち、その横で大鼾《おおいびき》をかきながら眠る人々、というものだった。しかし、消灯の九時半を過ぎると電気は自動的に消され、門限の十一時にはみんな静かに眠る。大鼾をかく人くらいはいると思っていたが、睡眠を妨げるほどの酷《ひど》い鼾は聞こえない。ドヤは思いのほか静かなので、かえって不気味なくらいだった。

ドヤの生活

山谷の中で最も大規模と言われている日ノ出ハウスには、日雇い労働者が必要な設備が整っている。

数年前に改装されたという浴場は、ごく普通の銭湯のような造りで、清潔感もある。宿泊者はここで一日の労働の疲れを癒《いや》すことになる。入れ墨を入れた人が目立つのが特徴といえば特徴だけれど、いたって快適だ。この立派な浴場を利用できて一泊千円というのはかなりお得だ。

あと共同スペースの娯楽室という部屋も設備され、将棋や囲碁のセットが置かれている。僕と同じ部屋だったある男は、その娯楽室で将棋ばかりやっていた。僕がベッドで本を読んでいると、「いやー、一日中将棋やってると頭がおかしくなっちゃうよ」と言って部屋に戻ってくる。その将棋は一局五百円とか千円だけれど、実際にお金を賭けている。

他にもテレビ室という大部屋があり、テレビの他に給湯器やガスコンロが置かれていて、ドヤの住人たちのたまり場になっている。

男たちが仕事から帰る時間になると、テレビ室は酒を飲んで晩酌をする姿や夕食を食べる姿で賑わう。男たちの夕食は、コンビニ弁当や総菜、カップラーメンが多く目につく。長期滞在のベテランになると、自前の鍋でラーメンやおじやなどを煮て食べる人もいる。

僕自身も、ただ部屋でぼけっとしていても暇なので、夕食の時間になるとこのテレビ室でカップラーメンを啜りながらテレビを眺めることが多くなった。

ここでは顔見知りというか、ドヤ仲間というか、いくつかのグループがあり、何だか楽しげに話が盛り上がっている。

あるテーブルを囲むグループからは、こんな会話が聞こえてきた。

「シロちゃんいないよな。どこ行ったんだろう」

「何だか横浜の方に行ったみたいよ。最近みんな横浜に行くよなー。何だか向こうは福祉なんかもいいらしいんだよ。酒飲んでもそんなにうるさくないみたいだし、ヤマ（山谷）のセンターは酒にうるせーかんな」

ここで男の言う横浜とは、ドヤ街の寿町のことだ。

また他のグループでは、こんな会話が飛び交う。

「靴がなくなっちまったんだよな。違う靴と入れ替わっちゃってんだよ。言っちゃ悪りぃけど、俺の靴はもうちょっとましなやつだったぜ、茶色くてさ」

「十二月の終わりにけっこう盗みがあったんだよな。俺もトランジスタラジオ二つと安全靴やられたんだよ。気をつけた方がいいぜ」

多くの人が出入りするドヤ街では盗みの被害もある。日用品や仕事道具、そして現金まで と、被害は様々だ。

またテレビ室では、絵に描いたような山谷らしいやりとりも交わされる。

一目で酒を飲んでいるなとわかる赤い顔をした男がテレビ室に入ってくると、部屋の中をグルリと見回し、知り合いがいるのを確認すると近寄っていった。

「ちょっと金貸してくれねーか」

男は開口一番そう言うと、知り合いらしき男が答えた。

「金はねーよ。貸しちまったら俺がここから追い出されちまうよ、悪りぃな。最近働いてねーんだよ。仕事があれば明日からでも働きてーんだけどよ」

赤い顔の男は渋い顔をしながら、今度はその隣にいた男に声をかけた。

「そんじゃ、よっちゃん金貸してくれよ」

「おう、いくらだ？」

「少しでいいよ、少しで」

赤い顔の男がニヤニヤしながらそう答えると、相手の男はズボンのポケットから二つ折りにされたヨレヨレの紙幣を取り出し、千円札を丁寧に五枚数えると、「ほらっ」と言って手渡した。

赤い顔の男は明日の仕事にあてがあるのだろうか、「明日の夕方、ここにいるでしょ。そんときに返すから」と言った。

「俺の利子は高いぞ、一万にして返せよ、ハハハ。でも俺が金がないときは、貸せよな」

そんなやりとりがあると、「よし、飲みに行くぞー」と言って二人で元気よくテレビ室から出ていった。

そんな光景を眺めながらカップラーメンを啜っていると、テレビからはテレフォンクラブを利用した薬物昏睡強盗事件のニュースが流れていた。

隣の方から「あれは親が悪りぃんだよ。親の育て方が悪りぃんだぁよ」と、呂律《ろれつ》の回らない声が聞こえた。

山谷で立ちんぼ

山谷の朝は早い。午前四時半を回るとドヤの周囲は仕事を探す労働者で賑わう。

山谷では中央を通る大通りを中心として日雇いの職を求める労働者が集まる。そして手配師がその日に必要な労働力を探しに来る。

作業着を詰め込んだスポーツバッグを手にして手配師が来るのをきょろきょろ見回す人、しゃがみ込んでスポーツ新聞を読んでいる人、缶コーヒーを飲む人、すでにビールを片手に赤い顔をしている人などが目につく。

僕も彼らの真似《まね》をして、スポーツ新聞を片手に缶コーヒーを飲みながら、手配師が来るのを待った。探偵ごっこをしているようなスリルもあり、気分はまるでシャーロック・ホームズなのだけれど、作業着姿に首からはタオルをかけているので、ちょっと様にならない。

ところで、しばらく道に立つものの、手配師から声がかからないばかりか手配師らしき姿もあまり見かけない。やはり景気が悪いのか。これでは手配師とのツテのない僕など仕事を手に入れるのはとうてい無理そうだった。

労働者に対して手配師が少ないので、みんな手配師のところに集まってくるかと思いきや、男たちは動く気配を見せない。彼らは手配師を待っているのではなく、あくまでもツテのある手配師を待っているのだ。

たまに手配師を見かけたとしても、僕の前に来てもスッと通り過ぎ、隣の年輩の男に「よう○○さん仕事行くかい」と声をかける。ようやく声がかかったと思ったら、手配師は車を運転するジェスチャーをして、「おう兄ちゃん、車の免許持ってっか」と言う。

僕は都会で生活するのに車の免許はいらないだろうと思って、免許を取っていなかったのだけれど、まさかこんなところで必要になるとは思わなかった。建築の仕事は郊外の現場へ移動することが多いので、車の免許を持っている人が重宝されるのだ。そんなわけで、山谷では車の免許があれば仕事にありつける確率がグンと上がる。だが、今さら免許を取っていなかったことを嘆いてもどうにもならない。

それから僕は一週間ほど路上で様子を見続けたが、同じ顔を同じ場所で見ることが多く、手配師が来る場所も決まっているようだった。やはり、そんな場所には仕事仲間や顔見知りが多いようで、三~五人程度のグループが雑談している。一人で立っている男の周りにも「おー、久しぶりじゃねーか」などと言いながら、一人、また一人と集まり、いつの間にか輪ができている。

その様子を見ていると、ほとんどアブレることがわかっているのに、どうして彼らはここに集まるのだろうかと疑問に感じる。僕なら、どうせアブレるのなら部屋でゆっくり本でも読んでいたい。だが、しばらく彼らの様子を見ているうちに、その疑問は解決された。

彼らは早朝の五時ごろから七時ごろまで二時間ほど路上で立っているが、全員が一生懸命に仕事を探しているわけではない。「今日はアブレだな」と、他人事《ひとごと》のように言いながら野球・相撲・ギャンブルなどの話で盛り上がる。どうやら、僅《わず》かな数の仕事だけが目的ではなく、仲間とのお喋りや情報交換が目的で来ている人も多いのだ。

ギャンブルと酒について

その後も僕は山谷の寄せ場に顔を出したものの、一向に仕事にありつくことができなかった。そんなわけで、暇を持て余した僕は、山谷の中をぶらぶらと徘徊《はいかい》していた。

山谷の中を歩いていると、日ノ出ハウスの中と同じような光景が延々と続いている。公園でほのぼのと将棋をさす者、何をするでもなく路上に怠そうにしゃがみ込んでいる者、立ち飲み屋で酒を飲む者などの姿が目につく。

山谷に住む日雇い労働者の生活相談や生活援護を行う城北福祉センターにも、娯楽室やテレビ室、さらには図書室もあるので、時間を持て余した山谷住人で賑わっている。福祉センターではパンの配給もしているので、利用者も多い。おそらく、彼らはアブレた者や生活保護受給者なのだろう。

その後も山谷の中を歩き回ったけれど、その姿はまったく変わらなかった。のんびりとして平和そうだが、退屈のようでもあった。時間はゆっくり流れ、永遠に同じところを回り続けている。

僕は、山谷が日雇い労働者の街と聞いていたので、肉体労働者の脂ぎってギラギラとした肌や土にまみれた体臭が漂っていると思っていた。だが、ここではそのようなものはほとんど感じられない。男たちの肌はカサカサに乾き、その肉はたるんでいる。街に活気がなかった。かつて輝いていた男たちは歳をとり、働くチャンスも少なくなった。生活保護で暮らす人もいる。かつての建築現場の勇者は背を丸めて路上に流れていった。山谷にはゆっくりとした平凡な時間がたんたんと流れる。山谷はもはや、かつての山谷ではない。

僕にとって、このまったく変わることのない日常は拷問《ごうもん》に近かった。まるで監獄《かんごく》ではないかという印象すら受けた。

日雇い労働の多くは、特殊な技術を必要としない未熟練労働だ（職人もいるが）。彼らはくる日もくる日も土や資材を運んだり、補助作業や現場の掃除をしたりと単純な作業が続く。初めのうちは肉体労働特有の充実感を得られるかもしれないが、何年もやっていれば疲れるだけだ。彼らは、永遠に変わらない日常を何年も送ってきた人たちであり、これから先もずっとこのまま変わらない。それは未熟練労働につきまとう宿命でもある。

でも、そんな彼らを日常の世界から非日常の世界へと脱出させてくれるものがある。それは、飲酒とギャンブルだ。山谷に来て一番多く聞かれたことは、「競艇《きょうてい》やるか」「パチンコやるか」「酒飲むか」「タバコ吸うか」という質問だった。

僕も数年前にパチンコをしていた時期があった。当時、何をするでもなく暇を持て余していた僕は、ギャンブルが与えてくれる、日常では味わえない緊張感や興奮の虜《とりこ》になっていた。しかも、そんなスリルを何の苦労もせずに、お金さえ払えば手に入れることができた。そして集中している時には時間が経つのも早いもので、時間は瞬《また》く間に過ぎてしまう。ギャンブルは希薄な時間を濃密な時間へと変えるのには大変便利な装置であった。

だが、このギャンブルと飲酒は、ドヤ街の労働者を貧困に追い込んでいる大きな原因でもある。以前、ボランティアに参加して寿町で聞き取り調査を行ったときにも、稼いだお金や生活保護のお金をほとんど酒とギャンブルにつぎ込んでしまう人が多く、アルコール依存症患者の数も多いことを痛感させられた。

ボランティア団体の人や行政は彼らに対して「酒を飲むな」「賭け事をするな」としきりに言っていたが、ほとんど変化のない日常の中で、人間は生きていけるのだろうか。男たちの唯一の楽しみを奪ってしまったら、ドヤ街での「生きる」とは生命を維持することでしかなくなってしまう。「生活すること」と「生きること」は別問題だ。もし彼らにそれらをやめさせようとするなら、生活観そのものから変えなければならない。

飲酒やギャンブルは、なにもドヤ街の世界だけではなく、僕らの生活にも浸透している。でも、僕らはそれにおぼれるわけではない。僕らはそれらをうまく利用して、日常からのつかの間の離脱を楽しむ。

僕らの日常は変化する。入学・卒業・入社・昇進・恋愛・結婚・出産といった具合に、次から次へと出来事（本人にとっての一大イベント）が起こるので、非日常の世界への依存度も浅くて十分だ。

しかし、彼らの生活は進んでも進んでも決して変わらない。仕事も未熟練の単純労働で繰り返しが多くなる。しかも、日雇いの労働力は、使い捨てられるだけだ。家族がいなければ、何のために働くのかさえ見えなくなるし、またそんな家族に裏切られた失意の中で生活する者も少なくない。独り身の生活はあまりにも孤独だ。人生の生き甲斐《がい》も見つけにくい。

そんな彼らにとって、ギャンブルと飲酒は退屈な日常を一変させるには好都合な存在だ。この辛《つら》い現実を忘れることができる。また、競馬で万馬券を当てれば、人生大逆転のチャンスもある。

彼らに対して「ギャンブルと酒をやめろ」と言うのは簡単だ。でも、そこには彼らの生活に対する根深い問題が存在している。それらをやめたからといって、彼らの生活が向上するとはとうてい思えない。ひょっとしたら、彼らの人生の唯一の救いなのかもしれない。

だが皮肉なことに、その救いであるギャンブルと酒こそが、彼らが山谷から抜け出ることのできない大きな原因でもあるのだが。

山谷の男たち

山谷の中で生活していると、住人との様々な出会いもある。

同室の高橋さんは、酔っぱらってベッドの上から落ちて腰を痛めて以来、生活保護を受けているという。働いていないので、いつも暇そうにドヤの中をブラブラしている。年齢は六十歳くらいで、白髪で丸刈りの頭と大きな皺を寄せた笑顔が印象的だ。見た目も小柄でガリガリの痩せ形なので、健康だったとしても、とても建築現場で働けるようには見えない。

　高橋さんは長期滞在の宿泊者なので、寝床の上の棚には醤油や塩などの調味料からインスタントラーメンにキャベツなどの食材が所狭しと並ぶ。拾いものかと思えるほどに年季の入った鍋が鈍く光っている。またベッドの上には、洗濯物がまるで運動会の万国旗のように吊り下げられている。

　そんな感じですっかり部屋にとけ込んでしまっている高橋さんは、酒で失敗しているにもかかわらず、それでも酒はやめられないという。生活保護の金でも酒を飲んでしまい、半月でほとんど金がなくなってしまう。もちろん、生活保護の金で酒を飲んだら、生活保護を打ち切られることを承知の上でだ。

　また高橋さんは見かけによらず読書家らしく、枕元には西村京太郎や内田康夫、北方謙三などの小説が山積みになっていて、「そこにあるの持っていっていいよ」と勧めてくれる。僕が遠慮すると、「お兄さんはこっちの方がいいかな」と言って、週刊漫画を手渡してくれた。もちろん、これらはすべて拾い物だ。また高橋さんは本だけでなく、お菓子も分けてくれた。そんな高橋さんがいたので、僕は自然とその部屋に馴染むことができた。

　ところがある夜、高橋さんの様子がおかしかった。いつもなら消灯と同時に眠ってしまうのだが、十一時になるのに小さな声で独りごとをぶつぶつと言っている。初めは小声だったので聞き取れなかったが、声は次第に大きくなり、はっきりと聞き取れるようになった。

中田さん、何とか言ってくれよー。中田さんが言ってくんなきゃ俺狙《ねら》われちゃうよー。ここで狙われたらもうおしまいだよ、何とか言ってくれよー。病院に薬もらいに行かなきゃいけないのに、外でらんなくなっちゃうよ。金もないしよー、中田さん！　俺が悪かった！謝るからよー、中田さんから誤解といてもらわねーと俺狙われちゃうよー。でも、中田さんが教えてくれて助かったよ。知らなきゃそのまま狙われてたよ。だから何とか助けてくれよ。

高橋さんがこのような意味のわからない独りごとを朝の四時まで続けたので、僕は一睡もすることができなかった。同室の他の人もこのような状況では眠ることができるわけもなく、トイレに行ったり夕バコを吸ったりしていた。だが、彼らが高橋さんに注意をしたり話しかけたりすることは一度もなかった。そして高橋さんが口にする中田さんという人がこの部屋にいる人かどうかさえわからなかった。

しばらくすると、高橋さんは夜も明けぬうちに荷物をまとめ、「残りの物は適当に処分してください」と呟《つぶや》くと、部屋を出ていった。この部屋に長い期間住んでいた高橋さんの荷物は多く、持ちきれなかった本・調味料・野菜などが残されていた。だが、それらを従業員が片づけてしまうと、さっきまで彼がそこで生活していた気配すらあっという間になくなった。

　気楽な山谷生活を送っていると思っていた高橋さんが、実は重い物語を背負いながら生きていたのだと知ると、胸が締めつけられる思いがした。あてもなく出ていった高橋さんは今ごろどこにいるのだろう。

　流動性が高いと言われる日雇い労働者だけあって、部屋の中の入れ代わりは激しい。短期宿泊者は一泊か二泊すると、いつの間にか姿を消している。毎日誰かが消え、誰かが入ってきた。偶然に隣り合わせた者同士は、お互いに深い話をすることはなく、野球や天気の話題を潤滑油にして、浅いコミュニケーションが図られるだけだ。

　高橋さんが使っていたベッドには大野さんという人が入ってきた。大野さんは五十歳くらいで、現役の労働者だ。くたびれた作業着、親指が分かれた足袋形の靴下、そして日に焼けた色黒の肌がそれを物語る。小柄で、筋肉質ではないが、貧弱でもない。

　そんな大野さんはベッドの上に腰掛けてビニール袋からバナナを取り出して頬ばると、僕に二本差し出した。腹は減っていなかったが、断るのも悪いと思ったので受け取った。そして「兄ちゃん、ほらっ」と、おにぎりとカップラーメンを手渡し、「お湯入れて食おう。食えば何とかなるさ」と言って立ち上がった。この差し入れは、ドヤを転々としているという大野さんにとって、挨拶《あいさつ》がわりの潤滑油なのだろうか。

ドヤに住む人は喋り好きな人とそうでない人とにはっきり分かれるが、大野さんは話すのが好きなタイプであった。語り口がキッパリしていて言葉も丁寧《ていねい》なので、山谷の住人らしからぬ印象を受けた。

「タバコ吸うか？」

大野さんがタバコを差し出した。

僕はタバコを吸わないので断ると、

「真面目なんだねえ」と驚いた様子だ。

「酒は？」

「少しなら」と答えると、大野さんは腹を手でさすった。

「飲み過ぎちゃいけないよ、この前飲み過ぎちゃってまだ胃の調子が悪くって。仲間と飲んでるとつい飲み過ぎちゃうんだよな」

話しやすい人だったので会話が自然に続く。

「仕事がうまく見つけられないんだけど、なにかいい方法ないですか？」

すると大野さんは、スポーツ新聞でも求人があることと、山谷労働センターという職業斡旋所でならツテがない未経験者でも無料で仕事を紹介してもらえることを教えてくれた。ちなみに、山谷地域の日雇い労働者に職業紹介を行う山谷労働センターと、生活相談と援護を行う城北福祉センターは、平成十五年四月一日に統合され、財団法人城北労働福祉センターとなった。

「今日、センターのところで飯（ボランティアによる炊き出し）食わしてくれんの知ってるか？　腹減ってんだろっ、連れてってやるから」

そうやって僕を気遣ってくれる大野さんの親切心とは裏腹に、炊き出しには行きたくなかった。以前、僕がボランティアに参加して、自分が炊き出しをしていた立場だったからだ。これからボランティアの人たちを騙《だま》して炊き出しを食べるのかと思うと気が重くなった。

大野さんは僕の気も知らず、炊き出しの場所へと案内した。

その週は台風の影響で仕事が少なかったせいか、炊き出しの列はセンターを一周するほどになり、二百人以上が綺麗に列を作っていた。早い人は配給の二時間前から並んでいるという。大野さんが言うには、景気のいいころはこんなに大勢が並ぶことはなかったそうだ。僕らは列の最後尾に回って、他の男たちがそうするように新聞紙を敷いて腰を下ろした。すると、大野さんが話し始めた。

「ここ（山谷）じゃあ、週に四、五回どっかしらで飯食わしてくれんだよね。あのキリストの人たちも物好きだよな。でも、ありがたいことだよ。外で酔っぱらって寝てて朝起きると手の上におにぎり置いてってくれんだよね。でも二日酔いだから誰かにあげちゃうんだけどね」

以前、僕もそれに似たボランティア活動に参加したことがあった。実際に参加していたときには気がつかなかったが、「する側」と「される側」とではずいぶん受け止め方が違うようだ。そして、今の僕にもボランティアは物好きな人としか映らない。今まで自分があの中に混ざって活動していたことを思い出すと、腹立たしくさえ思えてくる。「する側」にいたころ、炊き出しに並ばない人たちに「おまえらがやってることなんか自己満足なんだよ」とか「おまえらに何がわかるってんだよ」と何度も罵倒《ばとう》された。そのときにはその反発的な態度が理解できなかったが、今では彼らの気持ちがわかる。そういえば先日、こんなことがあった。

小雨の降る中、朝の手配に並んでいると、大きな旗を先頭に十人ほどの人がやってきた。すると一人の男がハンドマイクを持ち、交差点のど真ん中で演説を始めた。

今、恐慌を目前に控えー、資本は我々を奴隷としてこき使い、殺すことなど何とも思っていない。そして資本家は恐慌を前にしてー、そのツケを労働者に押しつけ生き残ろうとしている。これから我々労働者は全国の仲間と結びつき、政府を打倒しー、日帝国家権力を解体しなくてはならない！

演説の後方では、団体名が書かれた大きい旗が掲げられていた。労働者はまたやっているよといった感じで、聞いている様子はない。辺りには捨てられたビラが散らばる。それらを目の前にして、僕は何かが違うと思った。

僕がボランティアに参加していたころは、自分たちはまともで、資本の搾取を声高に訴える労働組合などの活動家集団はどうしようもない連中だと、本気で思っていた。しかし、今の僕にはボランティア団体も活動家集団も同じレベルで違和感を覚える。彼らは寄せ場労働者やホームレスを、彼らのイデオロギーの中に押し込めているという点で共通しているからだ。

例えば、「人権すら保障されないかわいそうな人々」とか「資本により搾取された最下層労働者」といった捉《とら》え方だ。確かにそのような一面もあるのかもしれないが、それは捉え方の違いで、団体の色眼鏡を通しているからそう映るだけで、労働者が自分たちでそのように考えているわけではない。逆に山谷労働者にしてみれば、ドヤ街の生活をパラダイスと考え、こちら側の世界のことを、地位や学歴という鎖につながれた哀れな飼い犬としか見ていないのかもしれない。

そんなことを考えていると、いつの間にか炊き出しの順番が近づいてきた。

はたして、ここで飯をもらって食べてしまってよいのだろうか。食事をするくらいの現金は持っているし、何より僕には帰る場所があった。炊き出しに並んでいる人がたくさんいることを知りつつも、僕はせっぱ詰まった生活どころか生ぬるい生活を送っていた。このようなことでは、彼らの考え方を知るどころか、車に乗ったサファリパークの見物客でしかない。僕はそろそろその車から降りなければならないようだ。

ついに、僕の前にご飯が差し出された。炊き出しの献立は、芋や人参など数種類の野菜が入った炊き込みご飯だった。四十歳くらいのボランティアの男は僕の顔を見ることもなく、機械的に黙々と容器にご飯をよそっていた。普段の職場では働きざかりであろう彼は、何を思ってこの街でボランティアをしているのか、少し気になった。

炊き出しには飲み物がなかったので、硬めのご飯はなかなか喉《のど》を通らなかったが、よく嚙みもせずに胃の中に押し込んだ。少しでも早く、自分自身との決着をつけたかった。

食べ終わって一息つく間もなく、大野さんがご飯を差し出した。

「俺、胃が悪くて食えねえから食え」

大野さんは自分が食べもしないのに、僕をここに連れてきて一緒に並んでくれていたのだ。

そういえば、大野さんは十年前に離婚して山谷に流れ着いたと言っていた。もし子供がいれば僕と同じ年齢くらいかもしれない。もしかしたら、その影を僕とダブらせていたのかもしれない。

不思議と意識していなかったけれど、自分の父親と山谷の労働者はほぼ同じ世代だった。そして山谷には、地方から出稼ぎに来た次男三男の若者たちがそのまま定着してしまった例が多い。

僕の父親は長野県の農家の三男として生まれた。自分の父親も、山谷に流れ着く可能性があったのではないか。

僕は自分の父親が山谷で生活していることを想像してみたが、公務員の父親のイメージが邪魔してうまくできない。

この人たちと父親はどこが違うのだろう。どこで人生のレールが分かれてしまったのだろうか。

山谷ハローワーク

山谷に来てから二週間近く寄せ場でウロウロしているものの、手配師からの声は一向にかからなかった。不景気なので仕事が手に入らないのは何となく予想はしていたのだけれど、他の山谷労働者はちゃんと仕事を手に入れているので、腑《ふ》に落ちない。僕は新参者なので仕方がないのだけれど、懐《ふところ》のお金が底をつきそうだったので、そろそろ仕事を手に入れたかった。

山谷での生活はお金を使わないと思っていたが、思いのほか無駄遣いをしてしまう。宿代も毎日千円取られるし、食事代も外食が多くなるのでばかにならない。でも実は、理由の半分は前述の女の子のいる食堂に通ってしまったのが原因なのだけれど。まあそんなわけで、どうしても現金収入が欲しかったのだ。うむうむ。

このまま寄せ場で仕事を探していてもらちがあかないので、僕は大野さんのアドバイスに従ってスポーツ新聞の求人広告をあたることにした。

さっそくスポーツ新聞を買ってドヤに戻ったが、求人案内に目を通しても、飲食・食品関係、運転・整備・一般職などばかりで、建築仕事の案内はたったの三件しかない。これではどうにもならないと思ったので大野さんに訊くと、「これ東スポじゃねえか。スポニチを買ってこなきゃ駄目だよ。スポニチが今一番載ってんだから」と言われた。

そしてスポーツニッポン新聞を買ってみると、多くの肉体労働の求人が掲載されていた。東京スポーツ新聞が三件だったのに対して、スポーツニッポン新聞は百件以上載っている。

さっそく電話をかけようとしたが、今度は求人がたくさんありすぎてどれにしようか迷ってしまう。同じ建築でも、土木・土工・とび、塗装・電工・型枠・鉄筋と、その種類は様々だ。ドヤ街に住む人の多くは、この土木・土工の未熟練肉体労働かとび職に属する人が多い。僕は何も技術を持っていないので土木・土工に限られ、選択枠は狭められたが、それでも四十件ほどの求人があった。

当然、熟練と未熟練では日当も変わる。とび職などの職人が一万五千円から二万円程度なのに対し、土木・土工は九千円から一万三千円くらいだ。

その他に、寮完備・全室個室というのが目につく。これは、これらの現場がすべて住み込みの飯場となっていることを意味している。飯場とは、肉体労働者の寮のようなもので、労働者はそこで寝食を共にした共同生活を送り、そこから現場へと通うことになる。また、飯場の契約は日雇いではなく、一週間・十五日・一ヵ月・無期限など様々だ。そして飯場は、ドヤ街のように一ヵ所に何軒も密集して建つのではなく、バラバラに建っている。大野さんは僕に飯場で働くことを勧めた。

「飯場行ってくりゃいいよっ、十日も我慢してくりゃいいんだからよー。飯代、宿泊代引いて一日五千円残るとして五万だよ。でも、嫌な奴がいても我慢しなきゃなんねーし、俺なんて、ツケがきくから酒とタバコで全部使って、帰るときには金が残ってねーんだよ。でも、兄ちゃんタバコも酒もやんねーんだったら大丈夫だよ。出張の仕事は辛いけど、十日も我慢してくりゃいいんだから」

飯場の多くは、食事代と宿泊代は給料から自動的に引かれるシステムになっている。そして、作業着や酒、タバコなどの嗜好品もツケで買えるので、一文無しで飯場に入ったとしても、生活に事欠くことはない。それでも、ツケでの購入は割高になるので、あまり買いすぎると給料が少なくなるばかりでなく、赤字になってしまう人もいる。

そして山谷の住人たちは、飯場で働くことを「出張する」と言う。彼らは流動的に住むところを変えつつも、山谷という土地に帰属意識を持っているようだ。僕の泊まっていた部屋でも「今日から出張に行ってくるよ」とニコニコしながら荷物をまとめて部屋を出ていった人がいた。

大野さんに飯場で働くことを勧められると、労働者が集団生活をするという飯場の生活に興味が湧いた。僕は飯場を狙って電話をかけてみることにした。

ところが電話をかけたものの、「免許ありますか?」「資格ありますか?」「経験ありますか?」「埋まってしまったんで、また次の機会にお願いします」と、次々に断られた。

聞くところによると、新聞社と数日間の契約で求人広告を載せているところが多いので、すでに定員が埋まってる会社がそのまま求人広告を載せている場合が多いらしい。

それでも、年齢を聞かれて答えると好感触が得られたので、粘っていればいつかは仕事にありつけそうだった。

　焦ることもないと思い、山谷の労働センターへ求職カードを作りに行った。このカードを作ると労働センターから仕事を無料で紹介してもらえる。言ってみれば、肉体労働専門のハローワークのようなものだ。

　三階建ての薄汚い労働センターに着くと、地べたにしゃがみ込んで酒を飲む男たちが目につく。行き倒れて死んでいるかのように路上で眠る人は誰の関心も集めていない。投げ捨てられたゴミの山が無惨に散らかる。床にはネットリとした汚れがこびりつき、辺りにはドヤ街特有のすえた異臭が漂っている。以前よりは労働者の視線は気にならなくなったが、この臭《にお》いだけは慣れることができない。

　受付でカードを作りたいと相談すると、申込用紙を渡され、名前・年齢・住所を記入するように指示された。大野さんが言うにはでたらめでよいとのことだ。

「若いんだからちゃんとした仕事見つければ？　こんなところにいたら駄目になっちゃうよ」

　職員はそう言いながらも、その場でカードを発行してくれた。

　僕は何と答えてよいかわからず、ため息をもらすかのように「はぁ」と言い、その場を立ち去った。

翌日、カードを手に入れた僕は、さっそくセンターへ職探しに出かけた。山谷労働センターの求人は先着順のため、男たちは早朝からセンターの前に群がる。

六時二十五分ごろになるとアナウンスが入った。

「本日の現金は四名です。出張は○○建設が九名、これは十日間の契約で明日からの仕事です。受付は二番から六番で行いますのでお間違えのないように気をつけてください、なお、五番六番は長靴持参ですのでお間違えのないよう確認してください」

すると、さっきまでなごやかに世間話をしていた男たちは急に真剣な顔つきになり、辺りがざわつき始める。

この時点で労働者は三つのグループに分かれる。一つは、シャッターの前で体勢を低くして、少しでも早く中に入ろうとする人。二つ目は、気に入った仕事がなくてさっさと帰ってしまう人。そして三つ目は、スタートのポジションは取れなかったが、諦めもつかず、後ろの方で様子をうかがっている人だ。

僕は三つ目の諦めのつかないグループの中にいた。僕もお金がなかったのだけれど、ここで生活する彼らを差し置いてまで仕事を手に入れようとは思わなかった。また、最前列に並んで彼らと競い合うのには相当の勇気が必要だった。

六時半になると、ギー、ギーギー、ガーガー、と大きな音を立てながらシャッターが開いた。

男たちは、まるで障害物競走のように地べたに這《は》いつくばってシャッターをくぐった。僕は呆気《あっけ》にとられ退《ひ》いてしまったものの、急いでその後を追った。だが、一瞬にして受付の前は労働者で埋まり、僕の入る隙間はなかった。

それぞれの受付のカウンターには一から七までの番号がふられていて、そこに早くカードを置いた順に仕事が振り分けられる。一番目にカードを置いた人が、まるで運動会で一等賞をとった子どものように手を挙げてはしゃいでいる姿は、何だか微笑ましい。

仕事の振り分けは九時からになる。アナウンスされたときにカードを置いた本人がいなければ順番が繰り上がってしまうので、一番目にカードを置いた人も待っていなくてはならない。そんなわけで、しばらくの間はセンターの中やその周りに労働者がたまっている。

同じ現場の仕事をほぼ手中にした者同士は共同意識が芽生えたのか、一緒になって会話を弾ませている。一方、アブレる可能性が高い者たちはダラダラと時間を潰している。なかには酒盛りを始めるグループもある。

僕が新聞紙を敷いて座り込んでいると、隣から声がかかった。

「お兄さん若《わ》けーから、仕事なんていくらでもあんだろ」

いきなり話しかけられて驚いたが、とっさに返事をした。

「いやー（山谷に）来たばっかだからよくわかんなくてね」

「若けりゃなんとかなるよ、仕事も年齢制限があっからな。だいたい五十までだけど、ここにいる連中はみんなカードの年齢を若くしてんだよ」

言われてみれば、六十歳くらいの人が多いようにも見える。

男は隅田川で野宿をしているのだが、最近台風が多くて困るので山谷に仕事を探しに来ているという。隅田川の野宿地帯は山谷の近隣に位置するため、ドヤに泊まる金がもったいないと思う人や所持金の少ない人は、現役の労働者でも野宿をしている。実際、隅田川のホームレスの小屋の中には、ベッドやテレビが置かれていたりするので、考えようによってはベッドタイプのドヤと大差がないのかもしれない。

「ドヤじゃ、プライバシーも何もねーけど、向こう（ブルーシート小屋）だったら中に入れば問題ないし、誰かと喋りたいと思えば外に出れば仲間がいるし、意外といいもんだよ、冬は寒くて駄目だけどね」

男はそう言うと、食パン（福祉センターでは軽い面接をするだけで週三回、食パンと牛乳がもらえる）をスポーツバッグから出して頬ばった。

僕がスポーツ新聞でめぼしい仕事を探し始めると、こんどは頭を綺麗に剃った「スキンヘッドの男」が話しかけてきた。男は五十歳くらいで、にこやかな顔つきは明るく快活な印象を受けた。

「どうだい、いいのあるかい？」

一向に仕事にありつけないことを告げると、男は「当てがあるから、おまえも行くか？」と、手さげの紙袋の中からスポーツ新聞を取り出した。スキンヘッドの男は作業ズボンにサンダル履きでランニングシャツという姿なので、真面目に仕事を探しているようには見えないが、一応働く意思はあるようだ。小柄で丸く太った体格と、クリッとした丸い目を輝かす男の顔つきが、どこか憎めない愛嬌《あいきょう》を感じさせた。

「ここの飯場は前に行ったことがあってよー、いいとこだから行ってみっか？　他にも俺が行きゃあ何とかなるところ（飯場）があっから大丈夫、何とかしてやるよ」

僕はこのままここにいても仕事にありつけそうもないと思えたので、この男に賭けてみることにした。

しかしスキンヘッドの男が近くの公衆電話から飯場に電話をかけたものの、人手は足りていると断られた。他の飯場にも電話をかけたが、やはり断られた。世の中そんなに甘くない。

するとスキンヘッドの男が言った。

「西川口とひばりヶ丘に当てがあっから行ってみっか」

僕は当てになりそうもないと思いながらも、このままではお金が底をついてアパートに帰るしかないので、ついていくことにした。

不安だったので「電話してからの方がいいんじゃない？」と訊いてみると、スキンヘッドの男は「直接行っちまえば向こうも断りにくいだろっ」と言い、念のためにその飯場の住所を山谷労働センターで調べてもらうと、駅に向かってドカドカと歩きだした。さすがにその言葉を聞くと行く気が失せたが、この男の自己中心的で強引な考え方が、いかにも山谷労働者らしく感じられたので、この男を見ているだけでも面白そうに思えた。

職を求めて珍道中

スキンヘッドの男に連れられるまま、僕らは埼玉県の西川口の飯場に向かった。

駅で切符を買おうとすると、男は「いいよ俺が買ってやる」と、僕の分まで買ってくれた。さすがに山谷で職にありつけない労働者に奢《おご》ってもらうわけにもいかないので、急いでお金を渡そうとしたが、決して受け取ろうとはしない。あまりしつこくしても気分を悪くすると思ったので、お礼を言って切符を受け取った。

改札を抜けてホームで電車を待っていると、どうもスキンヘッドの男の行動に違和感を覚える。男がバッグの上に座り込んで辺りかまわず唾を吐くのだ。山谷の中ではごく普通の光景だが、一歩外に出てしまうと途端に異様な光景に映る。

男は電車に乗り込んで座席が空いてないことを確認すると、再びバッグの上に座った。周囲の乗客は驚いて、冷たい視線をスキンヘッドの男ばかりではなく、僕にまで向けた。作業ズボンをはいて首からタオルをかける僕の風貌は、彼と同類の仲間だと判断するのに十分なようだった。僕は車内の中吊り広告を見る振りをして、知らない風を装った。

するとスキンヘッドの男は、近くにいた十歳くらいの女の子のそばに寄って「お嬢ちゃんかわいいね」と頭をなでている。隣にいた母親はスキンヘッドの男と子供を引き離そうとさりげなく中に入って苦笑いを浮かべた。

僕は彼から遠ざかりたい気持ちでいっぱいだった。だが反面、彼のそんな行動に少しも悪気がないことを知っているので、かえって胸が痛んだ。

ようやく西川口に着いて下車したものの、落ち着く間もなく、次の難関が待ちかまえていた。スキンヘッドの男は切符を一つ前の駅までしか買っておらず、自動改札を抜けられなかったのだ。そのような失敗なら誰にでもあることだが、男は精算もせずに自動改札を強行突破した。

僕は自分の精算を済ませると、駅員が追ってこないかと何度も振り返りながら、スキンヘッドの男を追いかけた。僕が精算してきたと言うと、スキンヘッドの男は「何だ払ったのか」と、悪びれた様子は少しも見せない。

駅から飯場まではバスで行くとのことだったが、男は「西川口ってこんな駅だったたっけ？」と首を傾《かし》げる。バスの乗り場がわからないようだ。結局、山谷労働センターで念のために聞いておいた住所を頼りにして、近くにいた警備員に教えてもらい、何とかバスに乗ることができた。

しかし、教えてもらったバス停で下車したものの、男は、またしても「こんなところだったっけ？」と言う。何だか嫌な予感がしてきた。

そして悪い予感は見事に的中した。男の行きたかった飯場は山田工務店という飯場で、センターが調べてくれた飯場は山田建設という名の飯場だったのだ。一応、山田建設に寄って雇ってもらえないかと相談したが、あっけなく断られた。

僕はタウンページか一〇四で山田工務店の電話番号を調べて、電話をかけてみるべきだと提案したが、すぐさま却下された。仕方なく、僕たちはバスで駅まで戻り、東京のひばりヶ丘という場所にある飯場まで行くことにした。

スキンヘッドの男はバス停に向かう途中、「清めの酒だ」と言って、自動販売機で買ったカップ酒を一口で一気に飲み干した。

「これから飯場に行くのに飲んでていいの？」と僕が訊くと、「飯場の連中はみんな酒好きだから問題ない」と、二杯目も一気に飲み干した。そして次のバスが来るまで十五分ほど待つことになると、「まだ来ねーのかよ、おせーな」と声を荒立てた。

バスに乗ると、窓の外には灰色にすすけた工場や排水で汚れた川が見える。工場地帯独特の暗い景観を見ていると、何だか僕の気分まで沈んできた。

「あそこあそこ、あそこにダイエーが見えるだろ。あのすぐ側に、行こうとしていた飯場があるんだよー」

男は大きな声でそう言うと、窓の外を指差した。車内には他の乗客もたくさんいたので僕は恥ずかしかった。どうやらスキンヘッドの男は川口と西川口を勘違いしていたようだ。

「じゃあ、そこに行くの？」

「いいや、ひばりヶ丘に行こう。あそこは二十人ぐらいのちっちゃい飯場だから二人で行くのはちょっときついかも。ひばりヶ丘なら六十人ぐれーの大きい飯場だから二人ぐらい増えたってどうってことないからな。それに、あそこの社長の姉さん（奥さん）が俺のこと気に入ってくれてて、いつでも来いって言ってくれてんだ」

スキンヘッドの男は目を輝かせて自信満々に答えた。

だったら初めからひばりヶ丘に行けばよかったのにと思ったが、過ぎてしまったことは仕方がない。

そしてひばりヶ丘に向かう途中でも、騒動は絶えなかった。

電車に乗り、都心から遠ざかるにつれて車内が空き始めると、スキンヘッドの男は座席に寝転がり、鼾をかいて眠り始めた。ようやく起き出したかと思うと床に唾を吐き、再び眠りだすという始末だ。僕は何も悪いことをしているわけではなかったのだけれど、視線が僕にまで及ぶので、一刻も早く駅に着いてくれることを願っていた。

ようやくひばりヶ丘駅に着くと、スキンヘッドの男は「タクシーで行こう。確か千円くらいで行くはずだよ」と言った。

「もう金があんまりないからバスにしようよ」

「そのくらい払ってやるよ」

まあ、タクシーなら確実に着くだろうと思い、僕はスキンヘッドの男の言葉に甘えることにした。

ところが、男が駅前でタクシーを拾って飯場の名前を告げたものの、運転手にその飯場を知らないと言われた。するとスキンヘッドの男が、「ここで仕事してるのにそんなことも知らんのか」といらだちながら、住所が書かれたくしゃくしゃに折り曲げられた紙を渡した。そうは言っても、飯場の名前だけでそこに辿《たど》り着ける運転手なんて、そうそういるわけがないのだが。

僕は手持ちの現金が心許《こころもと》なかったので料金がいくらかかるかと尋ねると、二千円くらいだと言われた。

それを聞いたスキンヘッドの男は、目を大きく見開いた。

「なにー、そんなことはない。前は千円で行ったぞ、千円で行け！」

そしてスキンヘッドの男は降りると言いだし、タクシーを止めさせた。すると運転手も負けじと「じゃあ頑張って千円で行くタクシーを探して下さい」と、たっぷりと皮肉を込めた。

僕はどうして飯場に行く程度のことがスムーズにいかないのかといらいらした。

スキンヘッドの男はタクシーから降りると、小走りでバス乗り場の方へ向かった。

すると運転手は「お客さん、お金払ってもらわないと！」と声を張り上げながら追いかけてきた。

僕は急いで料金を払おうとしたが、それに気づいたスキンヘッドの男が怒鳴った。

「おいっ、払う必要はねー、五十メートルも走ってねーじゃねーか！　だいたい、ここで働いてるくせに地理も知らねーで何言ってんだこのヤロー」

さっさと僕が払えば済むことだとはわかっていたのだけれど、ここでタクシー代を払ったら、自分のアパートに帰る電車賃しか残らないのでためらった。

そして僕が両者の板挟みになっていると、スキンヘッドの男は周囲の通行人やバス停に並ぶ人たちに向かって大声でわめきだした。

「この運転手は地理も知らねーで商売やってんですよ！　行き先がわからねーから降りたのに金払えってゆーのはおかしくないですか？　そーでしょ皆さん！」

運転手も負けじと大声を出した。

「何だとこの泥棒ヤロー！　皆さんこいつらは（もちろん僕も）乗り逃げです、乗り逃げしようとしてます」

そうこうするうちに、大声を聞いた他のタクシードライバーが駆け寄ってきた。そしてことが大きくなると、どちらも後に引けない状況になった。周りには野次馬が集まり、大変な騒ぎになっていた。

ついに、運転手は警察を呼ぶと言いだすと、携帯電話を取り出して周りに聞こえるように大きい声で言った。

「えー、今、ひばりヶ丘駅バス停前ですが、タクシーを乗り逃げした二人がバスに乗って逃げようとしています。至急来てください」

電話をかける振りをしているだけかとも思ったが、その震えた口もとを見ると、運転手が本気であることがわかった。彼らも命がけで商売をしているのだ。仕方なく、金を払うなとわめいているスキンヘッドの男を無視して、僕はお金を払った。

バスに乗ってからもスキンヘッドの男は自分が正しいということを他の乗客に主張し続けていたので、僕はそれをなだめるのに一苦労であった。

しばらくバスに揺られると、スキンヘッドの男はさっきまでのことをコロッと忘れたかのように、窓の外を眺めながら言った。

「飯場の近くに来れば降りる停留所をすぐに思い出すから大丈夫、近くにスーパーがあるから」

すると前に座っていた乗客が「そこならもう通り過ぎてしまいましたよ」と言った。

三つも停留所を通り過ぎていたのだ。

僕らは急いでバスから降りたのだが、何とスキンヘッドの男は乗車賃を払わずに乗車口から降りてしまった。もちろん確信犯だ。運転手は「お客さんっ！」と言ったものの、先ほどの駅前の騒動を見ていたので、呆《あき》れてそのまま出発した。

バスに乗り直すと、男は「ここだよここ！　ほらっスーパーがある」と言って、また乗車賃を払わずに降りると、小走りでスーパーマーケットに入っていった。

ところが、今度の運転手は甘くなかった。降りようとする僕にスキンヘッドの乗車賃を請求してきたのだ。

「あなたの連れでしょ、払ってって」

「いや、全然知らないよ。たまたまそこで知り合っただけだよ」

僕が急いで首を横に振って自分の乗車賃を払って降りると、続けて運転手もバスを降りた。そしてそこへ、スキンヘッドの男がカップ酒を飲み、幸せそうな顔をしてスーパーマーケットから出てきた。するとすかさず運転手はスキンヘッドの男に料金を請求した。スキンヘッドの男は、今は仕事を探していてお金がないと言い訳したものの、どうしてカップ酒を買っているのだとつっ込まれてたじたじとなっている。スキンヘッドの男は何とか言い逃れしようとしたが、結局料金を払い、その場はおさまった。

僕は、その様子をまるで他人事のように、離れたところから眺めていた。どうして普通のことが普通にできないのだろうかと考えながら。

スキンヘッドの男の言うとおり、飯場は停留所のすぐ近くにあった。飯場は綺麗で、一見するとワンルームマンションにも見えたが、よく見ると造りが華奢《きゃしゃ》で、あまりお金がかかっていないようだった。何だか心配だったので訊いてみた。

「いきなり行って大丈夫かな」

「大丈夫だよ、だって俺は気に入られてたんだからよう」

スキンヘッドの男はクリクリした目をビー玉のように光らせて自信ありげに答えた。だが、そうは言うものの、気に入られていたスキンヘッドの男は確かに大丈夫かもしれないけれど、新顔で経験もない僕は大丈夫なのだろうか。スキンヘッドの男だけうまいこと仕事を手に入れたらどうしようと不安になった。

事務所の中は綺麗に整っていて三人の若い女性の事務員が働いていた。突然の怪しい来訪者に気づいた事務員は戸惑っている。スキンヘッドの男は、彼のことを気に入っているという社長の奥さんが見あたらないのを確認すると、大きな声を張りあげた。

「仕事探してるんですけど、姉さんいますかねえ。姉さんが来ればわかるよ」

その声を聞いて姉さんらしき人が奥の部屋から慌てた様子で出てきた。ところが、その女性は予想外のことを言った。

「ごめんなさい、ちょっと思い出せないわ。うちは出入りが激しいからあまり前だと忘れちゃうのよね、ごめんなさいね。仕事のことは私が担当じゃないから専務を呼びますね」

「俺だよ、俺！　一年半くらい前、ここで働いてたんだけどなー、俺だよ！」

酒で赤らんだ顔を指差しながら必死に言ったが、社長夫人は彼のことを思い出せない。スキンヘッドの男の落胆した表情を見ていると、僕まで辛くなった。

すると、奥の部屋から身長が一メートル八〇センチは下らないごつい体をした厳《いか》つい男が出てきた。ちんぴら風の派手なシャツとサングラスが、この男が堅気の世界の人間ではないことを匂わせた。実際に暴力団と関わりを持っている飯場も少なくないという。

僕はその男を見るやいなや、すぐさま怖《お》じ気づいた。だが、スキンヘッドの男はまったく動揺していない様子だ。それればかりか、

「なあ、ここ○○組とつながりあんのか？　俺はあそこの△△の兄弟分なんだけど、何とかならねーか」

と強気に言った。本当なのかはったりなのかはわからないけれど、大した度胸だ。ところが向こうも手慣れたもので、少し間をおいて、「いやー、存じませんねー」と平然と答えた。すると姉さんが、「ほらっ、こんなに人があまってんのよ」と、労働者のスケジュール表を持ってきた。

その場の雰囲気が緊迫し、相手が不機嫌になってきたのを感じたので、僕は「いきなり来てご迷惑かけてしまって申し訳ありませんでした」と謝り、スキンヘッドの男を連れて外に出ようとした。するとスキンヘッドの男が言った。

「いや、俺はいいんだよ。こいつだけでも何とかしてやって下さいよ、ほらっ、こんなに若いんですよ。俺なんかより働きますよ、だからねっ、ねっ」

僕はその言葉を聞くと胸が熱くなった。男は僕のためを思ってここまで連れてきてくれたのだ。彼だけ上手《うま》いこと仕事を手に入れるのではないかと心配していた自分が恥ずかしくなった。

結局、僕らはここの飯場で雇ってもらうのを諦めて外に出た。すると、男はどうしても僕に仕事を見つけてやろうと思ったのか、「熱海に行くか！」と言いだした。もちろん温泉に行くわけではない。当てのある飯場に行こうと言うのだ。僕は啞然として言った。

「行くって言ったって、ただじゃ行けないんだよ。俺はあと千円しか持ってないんだからっ」

「大丈夫、鉄砲（無賃乗車）で行って向こうについて金借りればいいんだよ。そうすりゃ向こうも断れねーよ」

僕はこの男の親切心が怖くなってきた。「大丈夫、俺に任せろ、何とかしてやる」と言った手前、もう後には引けないのだ。男は迷惑なほどに義理堅かった。

だがすでに、その親切心を受け止められないほどに僕は疲れ果てていた。山谷で生活をしていたということもあるけれど、今日のこの出来事があまりにも激しすぎた。ましてや、半分酔っぱらったこの男をこれから説得して山谷まで連れて帰らなければならないのかと思うと気が遠くなる。

さらに、山谷に戻ってしまっては、僕にはドヤの宿泊代どころか横浜のアパートまでの電車賃が残るかどうかさえ不安だった。何かしら理由をつけてこの男と別れなければ、僕も困るし、男の顔を潰すことにもなる。

しかし、理由を見つけて説得するほどのゆとりは残っていなかった。僕は一秒でも早く、この男から遠ざかりたかった。

スキンヘッドの男は帰りのバスを待っていると、いつの間にかベンチに横になって眠り込んでしまった。酔っぱらって赤い顔をして鼾をかく男の寝顔は、何だか子供のように無邪気に見えた。男はこれから先、どのように生きていくのだろうか。もう山谷という特別な場所でしか生活できないのだろうか。

そんなことを考えているとバスが到着した。スキンヘッドの男は熟睡して起きる気配がない。そんな男を起こさずに、僕は一人でバスに乗り込んだ。

男が山谷で生きるワケ

山谷でどうしても気になることがあった。どうして山谷の男たちはここに住んでいるのだろうかということだ。

相部屋のベッドのドヤですら一ヵ月に三万円の宿泊費がかかり、ましてや個室のドヤなら六万円近くの費用がかかる。その値段は決して安くない。わざわざ寄せ場で仕事を見つけなくても、スポーツ新聞さえ買えば、アパートで寝っころがりながらでも電話一本で仕事を見つけられる。わざわざ山谷に住む必然性はない。

だが、しばらく山谷に住んでいると、わかることがあった。山谷の生活は楽なのだ。ここにいれば孤独ではなく、かといって集団に縛られることもない。匿名性が潤滑油となり、煩わしい人間関係をなだらかにし、緩やかな仲間意識が芽生える。独り身で都会のぼろアパートで暮らすより、たとえ会話をしなかったとしても、同じ日雇い労働者に囲まれて暮らせば孤独も和らぐ。そして山谷には、めまぐるしく動く社会から一歩離れたところで、ゆったりとした時間が流れる。ここでは、すべてが山谷流なのだ。

でもその一見楽園的な生活も、外部と接触するや否や、たちまち亀裂を生むことになる。今回のスキンヘッドの男のようにだ。本人は悪気があってやっていることでは決してないが、結局誰かに迷惑をかけてトラブルメーカーになる。

つまり山谷とは、幻想のような街なのだ。そこから離れて夢から醒めてしまえば、厳しい現実が待っている。でも逆に、山谷の中で幻想を共有してさえいれば、現実と離れた世界で自由奔放で気ままな生活を送ることができる。

僕は、炊き出しに一緒に並んでくれた大野さんにしてもスキンヘッドの男にしても、とてもいい人であることを十分に知っている。名前すら知らない出会ったばかりの僕に、まさかあそこまで親切にしてくれるとは夢にも思っていなかった。

だが、それは山谷の中にいればの話である。彼らにとって安住の地とは、もはやドヤ街という幻想の中にしかない。

寄せ場や山谷を隔離された下層社会と考え、差別構造や権力構造と結びつけて山谷解放を唱える人もいる。でも、実際の住人はその山谷から解放されたがっているどころか、それなりに楽しんで暮らしている人も少なくないのだ。

でも、そんなことを思ったところで、実際の僕はというと、大学を出ても就職するわけでもなく、かといって大きな目標があるわけでもない。また、興味本位から山谷に来てしまったものの、特に何をするわけでもなく、山谷で働いてみようと思ってみても日雇い仕事すら手に入れることができない。また逆に、山谷の男たちに行く末を心配されて手助けをしてもらっている始末だ。

そしてついに、懐の現金もなくなってドヤ代も払えないので、自分のアパートに戻らなくてはならない。社会の底辺だと言われている山谷ですらまともな生活を送ることができない。

僕は、今のところ山谷の人間よりも自分の人生の方があやふやで危なっかしいので、本当は山谷の男たちのことを心配している場合ではないのかもしれない。昨年までは大学生だったので、周りの目も気にならなかったのだけれど、今となってはフリーターと何ら変わらない。いや、ちゃんと働いて自立しているだけ、彼らの方がまだまともだ。一応大学院に籍を置いているものの、ほとんどゼミにも参加せず、バイトもせずに親からの仕送りで細々と生活している。考えてみたら、この状況というのは、マスコミでさんざん叩かれている問題のある若者像そのものだ。僕はこれから一体、どこに向かっていけばよいのだろうか。自分で自分がよくわからない。

飯場漂流Ⅰ

～地下鉄編～

だから山谷はやめられねえ

飯場に潜入

山谷から帰ってきて、一ヵ月が経とうとしていた。

僕は元の生活に戻り、以前と変わらず平穏な日々を過ごしていた。相変わらず起きるとテレビからは「笑っていいとも！」が流れ、図書館に行ってはいつの間にか本を閉じて、ビデオルームで古い映画に見入った。それでもたまに大学院に行くと、久々の講義は新鮮に感じ、刺激を受けた。

ゼミの仲間とは研究の進行具合などを話した。僕が山谷での出来事を話すと、みんな喜んで聞いてくれた。大学院での生活はほどよい緊張感を保ち、居心地もよかった。夏の暑さも消え去り、過ごしやすい日々が続いた。緩やかな大学院生活も何だか悪くないと思えてきた。

だが日が経つにつれ、その生活に徐々に居心地の悪さを感じるようになった。

というのも、僕の山谷の出来事をまとめた文章を周りの人に読んでもらうと、初めはみんな面白がって読んでくれるものの、最後には、でもこれは学問でも何でもないよね、と結論づけられる。またそればかりではなく、塚田君は日記を書いているだけでいいんだから楽だよな、と言われることさえあった。

まあ僕としても、自分の関心や行動といったものが、初めから学問や研究といった枠からはみ出していることは知っていたのだけれど、社会にも出ずに本ばかり読んで、どこかで聞いたことのあるような言葉を並べて社会や文化を論じている人間に言われると、何だか首を傾げたくなった。

抽象的な言葉は嫌いだ。彼らの言葉がすべてインチキくさく思えた。嘘くさく思えた。誰かが作った言葉や考えを並べているだけに思えた。彼らの言葉として聞こえてこなかった。

確かにここには「学問」はあるのかもしれないけれど、もっと大事な何かがないように思えた。社会や物事を知って発見するということは、そんなことではないと思った。僕は自分の方法でそれを証明したかった。

そして、そんな大学院生活を送ると同時に、僕は常に山谷での体験に後ろめたさを感じていた。スキンヘッドの男を裏切ったこと。飯場で働くことができなかったこと。あと一歩で何かを摑めると思えたのに、逃げてしまった自分。それらはまるで、就職活動から逃げてしまった自分の弱さを象徴しているかのようであった。

とにかく外に出よう。そう自分に言い聞かせた。

僕は飯場に出かけることにした。

飯場の男たちと一緒に働こう。体で何かを感じとろうと思った。そんなことをして何がわかるのかなんて、まったく見当がつかないけれど、本を読んだってわからないのだから、自分の目と耳と足を使って何かを感じるしかない。また正直、ここまできたらもう後戻りできるはずもなく、やれるところまでやるしかなかった。

スポーツニッポン新聞を買って、未経験可と記載してある会社に片っ端から電話をかけると、一件の面接にこぎつけることができた。

飯場は千葉県にあった。

さっそく飯場の事務所を訪ね、先ほど電話をした面接希望の者だと告げると、事務所の奥のテーブルに通された。椅子に腰掛けると、女性の事務員は、日当が一万円であること、週に二回前借りができることなどを機械的に説明した。

事務員は規約を喋り終えると、ここで働くなら契約書にサインするように言った。

規約に対して特に不満はなかった。これ以上待遇がよい飯場を探すのも困難に思えたので、ここで働いてもよいと思えた。

だが、採用の話があまりにも簡単に進んでしまうので逆に怖さを覚えた。履歴書も必要なければ、身分証明書もいらず、経歴すら訊かれなかった。ただ健康で体が動けばいいといった感じなのだ。アルバイトの面接ですらこんなに早く採用が決まったことはなかったので、怪しい飯場なのではないかと思えた。また実際、飯場には強制収容所のように監視付きの軟禁状態で働かされるタコ部屋と呼ばれる飯場もあるので気をつけろと、山谷の住人に教えられていた（最近ではほとんどないらしいが）。

結局、僕は何だか不安になり、他の会社も回ってから考えたいと答え、事務所を出てしまった。冬から春にかけては建築業界の繁忙期なので、就労のチャンスはまだまだあるはずだ。今年は山谷の体験記を書いたので、やはり大学院の単位を優先させた方がよいのかもしれない。

薄暗い秋の静けさの中、来た道を引き返したが、駅に向かうにつれて足取りは次第に重くなる。

今のはものすごいチャンスだったのではないか？　この機会を逃したら次に飯場に来るのはいつになる？　山谷から逃げ帰ったように、また逃げるのか？　帰ったところで、大学院ですることなどあるのか？

そして、スキンヘッドの男を裏切って山谷から逃げ帰ったときの情景が、まるでフラッシュバックのように思い出されると、僕の足はついに止まった。

よしっ、飛び込もう。僕は腹を括った。

来た道を急いで引き返し、ふたたび事務所の中に入った。

契約書にサインをすると、事務所にいたちょび髭をはやした痩せ形の男に寮まで案内された。

車で五分ほど走ると寮に着いた。辺りは田畑と住宅が入り交ざり、少し離れたところには小学校が見える。それらの光景とは不釣り合いに、寮の前の通りにはスナックや居酒屋が並ぶ。この小学校の先生や生徒は、飯場で生活している大人たちをどう思っているのだろうかと、少し気になった。

寮はプレハブ二階建てで、窓の外にはいくつかの洗濯物が干されている。労働者はまだ仕事から帰ってきていないようだ。寮は静まり返り、暗さに包まれていた。

階段を上って飯場の二階に入ると、入り口にはいくつかのサンダルが脱ぎ捨てられていた。中に入ると、土で汚れた長靴・安全靴・足袋などが置かれた下駄箱が目に入り、ここが労働者の世界であることを実感させた。壁には次のような張り紙が貼られている。

現場暇ですので、休むと入場できなくなります。
また、周りの人の迷惑になりますので一人一人気をつけて下さい。
社長

部屋は、一階と二階をあわせて全部で三十四部屋あり、これと同じような寮が車で五、六分のところにもう一軒建つ。

僕の部屋は二階奥の角部屋であった。ドアを開けると、スッと冷たい空気が肌を刺した。部屋は四畳ほどの板の間で、カーペットを敷いていないのでとても冷たい。ガランとした部屋には十四インチのテレビと布団一式が置かれ、壁には釘が打ちつけられ、ハンガーが掛かっている。狭い部屋の中にはそれだけしかなく、まるで簡易な刑務所のような印象を受けた。

部屋を確認すると、食堂のおばさんを紹介された。案内してくれたちょび髭の男は、新人だからよろしく頼むと言うと、さっさと帰ってしまった。

僕は部屋に戻ったが、特にすることもないので天井の蛍光灯をぼんやりと眺めていた。ついに飯場に来てしまったのかと思ったが、実感はそれほどない。これから起きる出来事に対して好奇心と不安とが混ざり合っていた。

午後七時を過ぎると、窓の外から、車の止まる音に続いてがやがやと男たちの声が聞こえてきた。飯場労働者が帰ってきたのだ。

僕は少し時間をおいてから食堂へ向かった。

おかずはアジの干物で、焼いてからずいぶん時間が経ったものらしく、冷たくて硬く、不味かった。味噌汁はしょっぱく、具のワカメが半分溶けかかって海苔《のり》のようになっている。これからしばらく、この不味い夕食を食べ続けなくてはならないのかと思うと、少し憂鬱になった。

男たちはすでに食事を済ませていて、隣の待機室と呼ばれる部屋で賑わっていた。待機室は仕事を割り当てられなかった者が待機している部屋だが、実際には自分の部屋でテレビを見たり外出したりするので、あまり利用されていない。それでも、夜になると仕事から帰った男たちが酒を酌み交わす場所として賑わう。壁には注意書きが貼られていて、これを見ただけで彼らの生活の察しがつく。

厳重注意
何人かの不心得者によって誠実かつ真面目な人たちが大変迷惑しています。よって減給、もしくは退社処断にさせていただきます。

厳守事項
深夜まで飲食をし、翌日の仕事などに支障をきたさない。
騒いで他人に迷惑をかけない。

その隣には、翌日の仕事の割り振りが書かれた番割り表というものが貼られている。番割り表は十ヵ所くらいの現場に割り振られ、各現場の親方と労働者の名前が書かれている。番割り表には七十人ほどの名前が連なり、僕の名前は上野広小路駅の地下鉄工事現場の欄に書

待機室

かれていた。

待機室では、数人の男が作業着姿で晩飯のおかずをつまみに賑やかに酒を飲んでいた。木製の薄汚れたテーブルの上には発泡酒や焼酎の瓶が無造作に置かれ、労働者のねっとりとした体臭が酒の臭いと混ざり、部屋中に充満する。

「今日からお世話になる塚田といいます。仕事に慣れてないので、いろいろと迷惑をかけると思いますが、よろしくお願いします」

すると酔っぱらった赤い顔の男が「おうっ、新入りか、頑張れよ！」と言った。

挨拶を済ませて外に出ると、はたして、このような労働者の生活に馴染むことができるのかと、気が重くなった。

地下鉄の男たち

午前五時。外のざわめきに起こされ、飯場での初めての朝を迎えた。

まだ外は暗いというのに、寮の周りや食堂はすでに男たちの姿で賑わい、活気を見せている。男たちは朝のテレビニュースを見ながら、納豆、生卵、味噌汁、ご飯という簡単な朝食をささっと胃の中に流し込む。早朝の飯場は慌ただしいものの、ほどよい緊張感が漂う。労働者としての一日が始まることを実感させられた。

出発時間は各現場によって異なり、早い現場は五時ごろに出発してしまう。僕の行く現場の出発は六時だったので、出発五分前に食堂を出て、自分の乗るマイクロバスを確認した。すると、昨日のちょび髭の事務員が慌ただしく駆け寄ってきて、「塚田君、これ持っていって」と、長靴とヘルメットと安全帯と呼ばれる命綱とを渡した。そして、「この人が親方だから、親方の言うとおりに動いていればいいから」と一人の男を紹介した。

親方は筋肉質で、まるで絵に描いたような肉体労働者だ。鋭い眼光は、強い意思と労働者としての誇りを感じさせた。正直、かなりおっかなそうな人に見えたので、仕事でへまをしたら大変だなあとプレッシャーがかかった。

ここの飯場の労働者は基本的に職人ではない。全員が未熟練の土木作業員として働いている。ここで親方になるには仕事ができることも重視されるが、クセの強い飯場のメンバーを統率する人柄が重要視されている。

「怪我だけは気をつけろ。まあ、詳しいことは現場に着いてからだ」

親方はそれだけ言うと車に乗り込んだ。

同乗したメンバーに挨拶をすると「あっ、どうも、頑張ってね」と言う人もいたが、基本的にみんな無関心のようであった。人の出入りの多い飯場では、新入りに対しての態度はけっこう冷たい。

移動の間、男たちは無言のまま目をつぶっていた。僕は何を見るでもなく外を眺め、これからどのような仕事が待っているのだろうかとぼんやり考えていた。いつもの僕なら不安でいっぱいなのだろうが、秋の朝のうっすらとした心地よい日差しが、僕の心を晴れやかなものにしていた。

一時間ほど走ると、辺りはすっかり明るくなり、窓の外にはどこにでもある平凡な街の風景が流れる。しばらく走ると現場近くの駐車場に止まった。

男たちは車から降り、ゆっくりと体を空に向かって伸ばすと、車の後ろに積んだ荷物を取り出して準備にとりかかった。僕も周りの行動を真似て長靴に履き替え、夜光チョッキを着てヘルメットをかぶった。男たちは準備が整うと、各自がバラバラのまま現場に向かって歩きだす。僕は見失わないように急いで後を追った。

「それ諸式（飯場の中でタバコ・酒・作業着などを給料からの天引きで買える制度）で買わされたんだろ、かわいそー。作業着屋で買えば半値で買えるぞ」

隣にいた男がにやけながら僕の長靴を指差した。僕は道具を飯場で買えば高くなることを山谷で聞いて知っていたので、足袋と作業着は持ってきていた。でも、まさか長靴を使うとは思ってもいなかったので買わされたのだ。

手ぶらでここの飯場に来た者は長靴・作業着・夜光チョッキ・安全帯・ラチェットなどを買わされるので、二万円近くの借金から飯場生活が始まる。僕が来た時には、ちょうど余りがあったらしく、安全帯と夜光チョッキは貸してもらえた。それでも六千円の長靴を僅かの手持ちの現金から出すわけにもいかなかったので、結局僕も借金からのスタートになった。借金と聞くとあまりよいイメージではないが、これは飯場でなら無一文からでも生活を始められることを意味している。ここでは体一つあれば、ゼロから新たな人生をスタートできるのだ。

だが、道具だけ借金で揃えてしまうと翌日にトン公して消えてしまう人もいるという。このトン公という言葉は、監視のもとで強制的に働かされるタコ部屋から脱走することを指す言葉なのだけれど、タコ部屋がほとんどなくなった今では、単に飯場や現場から逃げ出すことを指す言葉として使われることが多い。中には計画的な人もいて、仲間の懐が温かいときにお金を借りられるだけ借りてトン公してしまう人もいるという。

現場に向かう途中、さっそくこのトン公という言葉を耳にすることになった。

「この飯場は最悪だから、トン公するなら早い方がいいっすよ。自分もトン公したいっすけど、何とか年内は頑張りたいっすよ」

彼は浜田君といい、驚くことに僕と同じ二十四歳だ。色黒で無精髭を生やしているので、一見すると同じ年齢だと気がつかないが、目元にはまだあどけなさが残っていて、年相応の顔つきだ。彼は温厚な性格で、いわゆる肉体労働系の若者のように強気でやんちゃで逞《たくま》しいというタイプではない。言葉遣いも丁寧で、新入りの僕にも先輩面をするわけでもなかった。浜田君は中学を卒業すると同時に家を出て以来、十数軒の飯場を転々としているという。ここの飯場に来て一ヵ月半という浜田君が、最悪だと言うのだから説得力がある。これからの飯場生活がそう楽でないことがわかって気が重くなったものの、彼と一緒なら何とかやっていける気がした。

彼は同年齢の僕が入ってきたのを喜び、笑顔を浮かべながら続けた。

「今度、一緒に酒でも飲みに行きましょうよ」

五分ほど歩くと地下鉄工事現場の入り口に着いた。入り口は駅前の横断歩道の脇にあり、朝の通勤通学の人たちが行き交う中、僕らは地下へ通じる階段を下りていく。

階段に足を踏み入れると、そこはまるで別世界であった。当たり前だが地下は暗い。いくつもの投光器に照らされているが、蛍光灯のような明るさではない。下からはブーンという発電機のまわる音が、上からはガタゴトと車の走る音が、まるで効果音のように鳴り響く。そんな中、男たちが無言のまま並んで歩く姿は、どこか炭坑労働者を連想させた。

階段を下りると、まずそのスケールに圧倒させられる。長く伸びて深く続く地下の現場は、映画のセットのような印象を受けた。

　さらに階段を下りると、詰め所のプレハブ小屋が建っている。

　プレハブ小屋に入ると蛍光灯の光が目にしみた。五十枚ほどの畳が敷かれた室内では、労働者たちがスポーツ新聞を読んだり、缶コーヒーを飲んだり、横になってくつろいだりしている。徐々に人が増えると、ついには人が横になるスペースがなくなった。タバコの煙に巻かれる中で、パンチパーマの職人気質《かたぎ》な男や金髪の若者たちがガヤガヤと大声で雑談している空間に圧倒された。

　ゼネコンの監督らが到着してマイクで声をかけると、室内は静まり返った。監督が注意事項を述べると、各下請けの建設会社が作業内容と作業人員、そして注意事項を報告した。また、朝礼の最後には安全唱和が行われる。

　今日の注意事項は、昨日軽い転落事故が起こったため、安全帯の確認であった。安全帯はゼネコンの現場では、高い場所に登るか否かにかかわらず、着用が義務づけられている。

　この安全帯は、太いベルトに大きなフックがロープでつながれた命綱で、とび職人などが作業時に現場の鉄パイプなどにそのフックを掛けて転落を防止する。また土工の人でも場合によっては高いところに登る仕事もあるので、現場に入る作業員は全員着用しなくてはならない。でも、実際には安全帯はかさばるものなので、使用しなかったり、作業中に外したりしてしまう人もいる。だが、そんな油断したときにこそ、転落事故は起きるものでもある。

高齢化の波が押し寄せている建設業界では、高齢のとび職人が体がついていかずに転落するケースが多い。実際にドヤ街でも、とび職人が転落して仕事ができなくなり、生活保護を受けて生活している人もいる。中には怪我が引き金となってホームレスになる人もいる。


「安全帯はよいか！」

「安全帯よし！」

「安全帯はよいか！」

「安全帯よし！」

「安全帯はよいか！」

「安全帯よし！」

「今日も安全作業で頑張ろう！」

「おう！」


男たちの威勢のよいかけ声とともに、今日の作業が始まった。

僕たちの現場は地下の最も深い場所だ。上を見ると鉄骨が縦横に組まれ、まるで巨大なジャングルジムのような印象を受ける。男たちは現場近くの休憩所に集まってから作業分担を確認すると、スコップを持って各々の作業場へと向かった。

土木作業に欠かせない道具がこのスコップだ。とび職・鍛冶《かじ》工・大工などは特殊な技術が必要だが、土木の末端の仕事は一言で言ってしまえば、若干の経験とコツはいるけれど、スコップを一日中振り回す体力さえあれば誰でもできる。

地下鉄現場の作業もスコップの仕事がメインだ。もちろん、この巨大な地下空間はスコップで掘られたわけではなく、掘削《くっさく》機やユンボ（パワーショベル）で土を掻き出して掘られたものだ。そしてこのユンボが入れない狭い場所をスコップで掘るのが僕らの仕事になる。

作業は三つに分担された。前線で土を掘る役、その土をベルトコンベヤーに乗せる役、つなぎ合わされたベルトコンベヤーが順調に動いているかを監視する役だ。そしてコンベヤーに乗せられた土は残土搬出場所まで運ばれる。

僕に割り当てられた仕事はコンベヤーの監視だ。この仕事は三つの仕事の中で最も簡単な作業だった。コンベヤーさえ順調に動いていれば、周りにこぼれた土をベルトに乗せるくらいで、コンベヤーの端から端へと行ったり来たりしていればよい。僕は、どんな辛い重労働をさせられるのかと思っていたので、拍子抜けしてしまった。そして、コンベヤーは止まる気配を見せることもなく順調に回り続けた。

初めは緊張感を持ってコンベヤーを見ていたが、一時間もすると単調な仕事に退屈した。しばらくの間、地下現場の広い空間に一人で取り残されると、まるでリアリティーのない不思議な感覚に陥り、なかなか落ち着かない。

しばらく暇をもてあましていたが、次第に残土にガラ（コンクリートの塊や大きな石）が混ざり始めると、いつの間にかコンベヤーが止まってしまった。コンベヤーを重ね合わせたところで大きなガラが落ちると、その衝撃によって安全装置が働いてコンベヤーが止まってしまうのだ。

ハッと我に返った。親方に言われていたように急いでコンベヤーのリセットボタンを押してからスイッチを入れ直した。しかし、無情にもモーターの回るウィーンという悲鳴のような音が聞こえるだけで、ベルトは一向に回らない。急いでスコップで土とガラを掻き出したが、前方からは僕のことなどお構いなしに次から次へと土が流れてくる。僕は、あっ、あっ、あっ、やばいぞっ、やばいぞっ、これはやばいぞっ、と頭の中がパニック状態になってしまい、とにかく目の前の土ばかりを必死になって掻き出した。そしてそうこうしているうちに、ついに前方のコンベヤーがすべて止まってしまった。

あー、やってしまった……。

コンベヤーが止まったことに気づいた男たちが、「おーい、何やってんだ」と駆け寄ってきた。みんな、呆れた顔をして「ちゃんと見てろよ」とブツクサ言いながらも、コンベヤーの掃除を手伝ってくれた。

僕と同じ年齢の浜田君は「初めてだから仕方がないよ」と言ってくれたが、悔しくて仕方なかった。さっきまでつまらない仕事だと退屈していたのに、それすらまともにできなかったのだ。

親方は「これじゃあ仕事にならねーから、誰か一人手伝ってやれよ」と言い、それ以後は二人でコンベヤーの見張りをした。

十時を回ると「一服するぞ」と親方の声がかかった。休憩は昼休み以外に午前十時と午後三時に三十分ずつあるのだが、仕事の切りが悪かったり忙しかったりすると、休憩なしで働くこともある。

現場の近くの休憩所（といっても灰皿が置いてあるだけだが）に行くと、男たちと同じように、泥だらけの軍手をはずして角材の上に腰掛けた。

冷えたお茶を飲むと、冷たい液体が喉を通過して胃の中に落ちていくのが手に取るようにわかり、全身に広がるように散った。すると、一緒にコンベヤー番をした男が話しかけてきた。

「ベルコン（ベルトコンベヤー）がどうしても動かなかったら、前のベルコンのスイッチを切っちまいな。その間にスコップで土をどかせば大丈夫だよ。そんでも駄目なら、先頭にすっ飛んでいって流すのを止めてもらえ。俺はここに来て十日になるけど、仕事は六日目だな。

俺もようやく仕事に馴れたとこだよ。俺は来ていきなり四日も待機だったから参ったよ。お兄さんは運がいいよ、今は待機が十人くれーだろ。でも俺が来たときは二十人以上いたもんな。新聞見て来たのに仕事がねーんじゃゃまいっちまうよ」

そう言うと、男はゆっくりとタバコを吸った。タバコの先からは投光器に照らされた青白色の煙が、ゆっくりと回りながら、光の中に吸い込まれるように上っていった。

ここの飯場では仕事がなくても寮の部屋が空いている限り、労働者を募集している。空き部屋ではお金は入ってこないが、人を入れれば飯場は寮費として一日二千五百円、月に換算すると七万五千円の収入が入るからだ。そして労働者が寮費を払える程度に交代で仕事を回す。

この待機する日が多い人たちは陰で待機組と呼ばれている。仕事を怠ける者・事務所にたてつく者・問題を起こした者などが、この待機組になる。逆に、仕事の腕が立ち事務所とトラブルを起こさない者は滅多に待機になることはない。

その後の作業は相方の男に教わりながらやったので失敗することはなかった。コンベヤーが止まってしまうほどの大きい石はあらかじめ手で下ろし、泥が詰まりやすい箇所はこまめにスコップで掃除をした。それさえ怠らなければなんということもない仕事だ。だが、作業自体はハードではないにもかかわらず、地下現場の閉塞感《へいそく》・騒音・空気の悪さ・暗さなどの悪条件が、疲れを何倍にも感じさせた。

「おーい、飯にするぞー」

親方の声が聞こえた。男たちはスコップを置いて、弁当と荷物の置いてある詰め所のプレハブ小屋へと向かった。巨大迷路のような地下現場では方向感覚が麻痺《まひ》してしまい、プレハブ小屋がどの位置にあったのかもよくわからないので、急いで男たちの後を追った。

昼飯は寮の食堂で配られる手作り弁当だ。使い捨て容器の中には横にしても偏らないほどに米がぎゅうぎゅうに詰められ、中央には梅干しがのっている。おかずはコロッケと卵焼きと漬け物が添えられている。粗末な弁当だが、お米の量だけはやたらと多い。そしてこのご飯が硬くて食べるのに苦戦させられた。僕がまだ半分しか食べていないのに、他の男たちはすでに食べ終わって畳の上に横になって眠っている。現場仕事の早飯というやつだ。

午後の作業もコンベヤーの見張り番であった。

このまま順調に一日が終わると思っていたが、そうはいかなかった。コンベヤーの最後尾で土を移動させていたユンボが他の現場に呼ばれてしまったのだ。最後尾の土をどかさなくてはすべての作業が中断してしまうので、僕ともう一人の男がスコップで延々と土を掻き出すことになった。

三十分も経つと、初めは軽く感じたスコップも次第に重くなり、腰が痛み始めた。土は水を含んでべっとりと重い泥へと変わり、追い討ちをかける。一定の速度で回り続けるベルトコンベヤーは小休止する時間さえ与えてくれない。監視の目が届かない場所なのだが、決して手を休めることができなかった。

相棒の男は五十歳になろうかという年齢にもかかわらず、弱音を吐くこともなくスコップで土を投げ続けていた。その姿を見ると、僕が今までいかにぬるま湯に浸《つ》かった学生生活を送ってきたのか思い知らされた。

情けないことに、僕は労働初日にして帰ることを考え始めていた。彼らは一生こんな辛くて汚れる肉体労働を続けなければ生活できないのかと思うと、急に哀れに思えてきた。また同時に、僕には帰る場所があることに感謝していた。

作業は五時十五分前に終わると聞いていたので、四時半ごろになると僕は時計ばかり気になって仕方なかったが、予定の時間になっても一向に終了の合図がかからない。

すると、今日は残業だという知らせが届いた。残業の理由は、別の場所で作業していたグループが作業ミスをしてやり直しを命じられたからだ。親方は「あの馬鹿、何考えてんだ」と、声を荒らげた。

結局、作業が終了したのは六時過ぎだった。僕は、肉体労働後特有の充実感を感じる余裕もなく、今日の作業が終わったことにほっとした。この作業をこれからしばらく続けなければならないのかと思うと、絶望的な気持ちになった。

朝礼会場に荷物を取りに行くと、男たちは休む間もなく地上へ向かう階段に向かった。僕も遅れまいと、男たちの後を急いで追う。

ゴツン！

大きな音とともに目の前が真っ暗になり、火花が散った。足腰がいうことをきかず、よけたつもりの障害物がよけきれなくて頭を直撃した。マンガの殴られるシーンと同じように星がチカチカと舞った。

ゴツン！

障害物を振り向いた瞬間、もう一つの突起物に激突した。

最悪だ、本当に最悪だ。そう思いながら、僕は階段を上っていった。

地上に上がると、冷たい風が頬から首筋にかけて、まるで研ぎすまされたナイフのような鋭さで吹き抜ける。一日の疲れがどこかに吹き飛んでしまいそうな爽快感を覚えたのと同時に、車のヘッドライトが目を襲った。眩しすぎるほどの街のネオンは見知らぬ異国の繁華街のようだ。

作業員は現場を出るまでヘルメットと夜光チョッキの着用が義務づけられているので、僕たちは汚れた作業着のまま、道路の真ん中に立っていた。両脇には歩行者信号が青になるのを待つ帰宅途中のサラリーマン・OL・高校生たちが並んでいる。こちらを見ているわけではないが、道路の中央に立つ僕は、まるでさらし者になっているような気分になり、急に恥ずかしくなった。

信号が変わると、僕たちは人波に交ざってショッピング街の中を歩いていった。目の前にあるにもかかわらず、そしてついこの間までその中で生活していたにもかかわらず、それらはまるで、手を伸ばしても決して触れることのできない、いや、触れてはいけないもののように思えた。

帰る途中、ガード下に段ボールが山積みにされたリヤカーが数台並んでいるのが目に入った。その脇では、廃品を集めて業者に持ち込むことで生計を立てている男たちがカップ酒を片手にタバコを吸っている。こんなところにも、また人生があるのだ。

寮に着くと、まず男たちは洗濯機に向かう。四台置かれた洗濯機は早い者順なのですぐに埋まってしまった。僕は洗濯は後でやることにして食堂へ向かった。

ここの飯場は食事が不味くて嫌だなと思っていたが、労働でカラカラになっていた僕の胃袋は、やたらと硬いイカの煮付けも、しょっぱい味噌汁も、バクバクと飲み込んでいった。僕は大食漢ではないが、この日はどんぶり飯を二杯もたいらげた。

夕食を済ませて待機室に行くと、すでに作業を終えた男たちが酒盛りを始めていた。僕に

風呂・トイレ・洗濯場

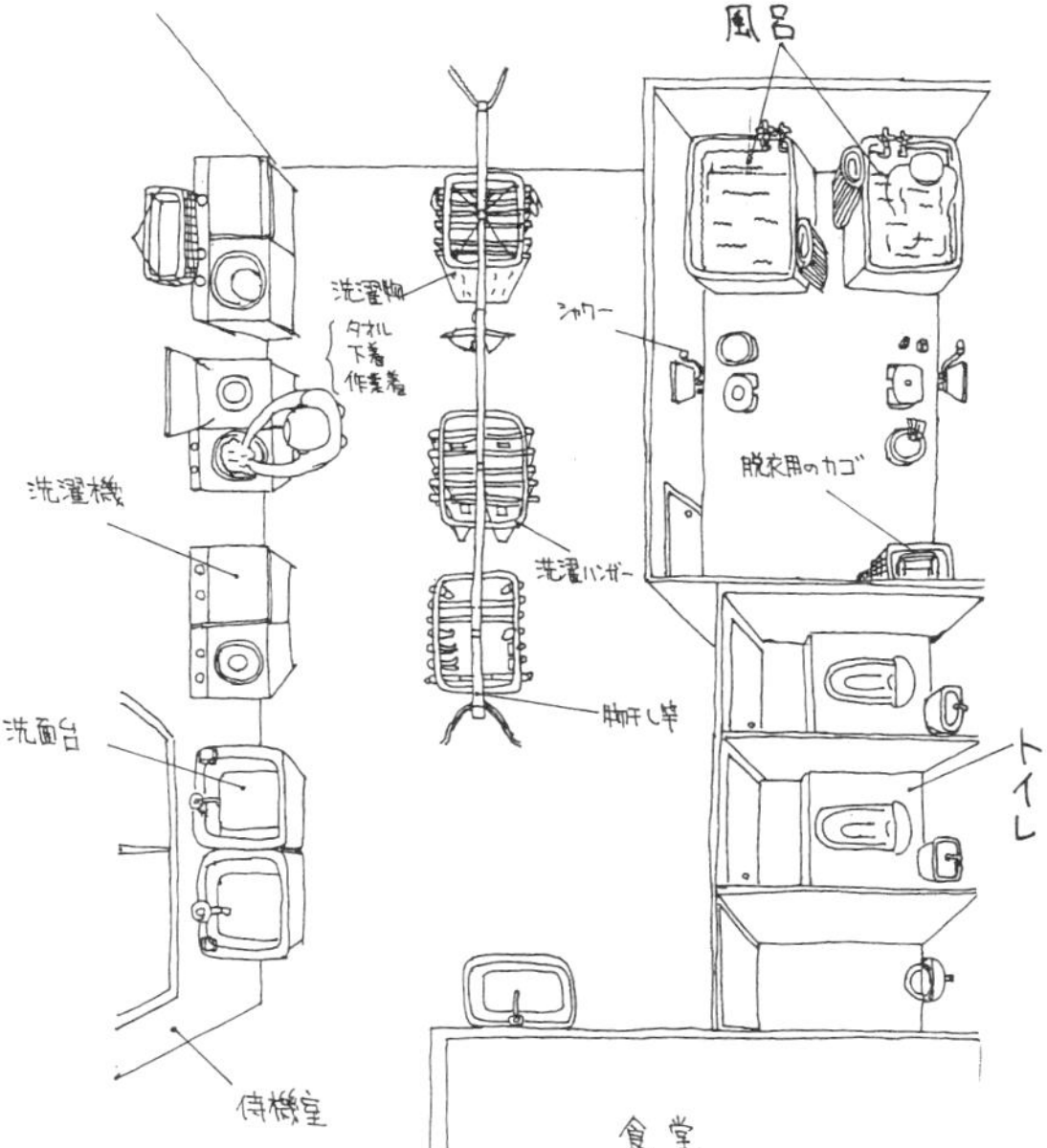

気がつくとその中の一人が言った。

「新入り、帰ってきたか。仕事はどうだった？　頑張ったか」

「はい」

さすがに、辛くてやめたいなどと言えるはずがない。

明日の番割りを確認すると、午後から出発の昼勤に名前が書かれていた。ゆっくり寝ていられるので少しほっとした。だらけた学生生活を続けていた僕にとって、早朝五時の起床はかなり辛かった。

ちなみに地下鉄の現場は二十四時間体制で行われていて、午前八時から午後五時まで勤務の朝勤、午後四時から午前零時まで勤務の昼勤、午前零時から午前八時まで勤務の夜勤の三交代で回されている。

男たちが寝静まったころ、洗濯場に向かった。先ほどまでの賑やかさとはうって変わり、寮全体が静寂に包まれている。僕は、まるで子供がどろんこ遊びをしたかのように汚れた作業着を洗濯機の中に放り込んだ。

作業着は泥水の中をぐるぐると回り続け、泥の渦に巻き込まれ、沈んでは浮かんだ。まるで助けてくれと叫んでいるかのような作業着を見つめていると、僕は、はたしてあと何日飯場生活を続けられるのかと考え込んでしまった。

その瞬間、足の間に異様な感覚が走った。巨大な筆でなでられたような、今まで感じたことのない感覚は背中に寒気を走らせた。慌てて足元を見ると、黒い猫が足の間をヌルリとすり抜けていた。

寮では男たちが残飯を与えるため、何匹かの野良猫が住み着いている。どうやらその中の一匹らしかった。猫は少し離れてから僕の方に向かってしゃがみ込むと、寂しそうに、ミャーと泣いた。

漂泊する男たち

男たちの話し声によって何度か起こされたものの、僕は十時ごろまでゆっくり眠ることができた。布団から起き上がると、全身がギシギシと筋肉痛できしんだ。

昼間の飯場は朝のような慌ただしさはなく、のんびりしている。

待機室では二人の男が弁当を食べていた。

僕が中に入ると、柔道選手のように大きな体格の男が、カバのような愛嬌のある顔をニコニコさせながら話しかけてきた。

「君が塚田君？　今日昼勤でしょ」

隣にいた髭面で寝癖のついたままの太った男がニヤニヤしながら続けた。

「この人が親方だから」

「アッハッハッ、親方だなんて言ったたって、俺はインチキ親方だからなー」

親方は大きな口を開けて笑って答えた。昼勤の親方は何だか人がよさそうな感じだ。

午後一時半になると、昼勤のメンバーは車に乗り込んで出発した。

車の中、親方がラジオから流れてくる時代遅れの歌謡曲に合わせて唄を歌っている。そして歌い終わると大きな声で言った。

「この前、スナックのユウって女と道ですれ違ったんだけど、俺に気づかないんだよ。気づいてて知らん顔したのかなー、それともただ気づかなかったのかなぁ」

すると前方を歩いている女性を見て、「いい足してんなー」と続けた。僕は馬鹿だなあと思いながらも、この憎めない顔をした陽気な親方に好感を持った。昼の暖かい日差しのせいか、車内は始終なごやかな雰囲気が流れていた。

昼勤の仕事は午後四時ごろに作業が始まる。僕は土木の肉体労働を始めたばかりなので、どうせベルトコンベヤーの番だろうと思って気楽に構えていたが、その予想は見事に裏切られた。昼勤は人数が少ないので、僕も前線で土を掘らされたのだ。昼間の和やかな時間とはうってかわり、激しい労働が続いた。

親方が僕に指示を出した。

「塚田君はそこの土に埋まってるＨ鋼（エイチコウと呼ばれるＨ形の鋼材）を綺麗に掘り出しちゃってよ。後で鍛冶屋が来る段取りになってっから、よろしく頼むね」

僕はそのくらい簡単だろうと思ったので気軽にスコップを手に取った。

ところが、初めは土が軟らかくて順調だったものの、Ｈ鋼の周りはコンクリート状のもので固められていて、ついにスコップでは歯が立たなくなった。これではどうにもならないと思ったので親方に相談した。

「こんなん手じゃできねーぞ」

親方は大きく目を見開くと、まるで機関銃のような形をした機械を持ってきた。先端の鉄の棒を圧縮空気によって振動させて岩やコンクリートを砕く機械だ。

「こうやって先端を押し込めば砕けるから」と、親方は一度手本を見せると作業に戻った。

この作業はハツリと呼ばれる作業で、これを専門にするハツリ屋という職業もある。だが、ここの現場のハツリなどハツリのうちに入らないほど簡単なものなので、僕たちが済ませてしまう。

ハツリの作業はコンクリートを砕いた塵芥《じんかい》の中で作業をするため、気管を痛めやすく、また腕に振動を受け続けるため、骨も折れやすくなるそうだ。そのためか、ハツリ屋の賃金は高いらしい。

親方がハツリを簡単にやったのを見ると、面白そうな作業に思えた。ところが、親方が簡単そうに持ち上げた機関銃のような機械は見かけよりも重く、持ち上げるのにも一苦労だった。親方のやったのを真似て、銃口のような先端をコンクリートに押しつけたものの、たちまちずれ落ちてしまった。もう一度踏ん張ってコンクリートに突き刺さったと思えば、今度は抜けなくなる始末だ。こんなことを繰り返していると、疲れた手が重くなるばかりで、作業は一向に進まなかった。

そんな僕の様子を見かねたのか、隣で作業していた男が言った。

「おいっ、そんなに力入れたって駄目だ。機械の重さを使ってそこに体重をのっけて押さえんだよ」

言われたとおりにやってみると、機械の先端は安定してダダダダダッと大きい音を立てながらコンクリートを剝《は》がしていった。

一度コツを摑むと作業は順調に進んだ。今まで体験したことのない轟音と振動の渦に巻かれると、ああ、僕は土木作業をやっているんだなと、改めて実感した。

溶接などの仕事を専門にする鍛冶屋が来るとH鋼はガスバーナで焼き切られた。ガスバーナで切られていくH鋼の断面はオレンジ色に焼けて火花が散る。まるで花火のように綺麗だったので離れた場所で見ていたら、目が眩《くら》んであたりがよく見えなくなってしまった。視界が暗くなり、目の奥に違和感を覚えた。

「おいっ、兄ちゃん、あの光は見るんじゃねえよ。目が見えなくなっちまうぞ！」

一緒に作業していた男の声が飛んできた。切断するときに出る火花は、遠目でも直視すると目に悪影響を及ぼすらしい。もっと早く教えてくれよと思ったけれど、仕方がない。

そういえば、何だか耳の調子もおかしいのに気がついた。一時間近くも轟音の中でハツリ作業を続けていたせいだ。会話をすると相手の声が聞き取りづらいばかりか、自分の声までが、まるで他人の声のように遠くから聞こえる。何だか生きた心地がしなかった。

その後の作業は土の掘削を行った。堅い層が出てくると機械で砕き、どんどん掘り進んだ。

スコップを振り回して掘削する男たちの姿は、これぞ肉体労働者だといわんばかりに逞しい。飯場には、一見すると肉体労働者だとわからない頼りなさそうな人もいるが、ひとたびスコップを持つと、作業着の下で筋肉が隆々と動く様が容易に想像できる。腹に力を入れるたびに、息のもれる音が聞こえる。額にはギラリと光る汗がにじみ、ねっとりとした熱気が肩からゆらゆらと立ちのぼる。無言のまま黙々とスコップを振るう男たちの横顔は、ふと見ると、一瞬だけ高倉健のように男らしい。ただし、ほんの一瞬だけだけれども。

この掘削という作業は延々と掘り続けなくてはならないので、肉体にかかる負担が大きい。

土をスコップで掻き出す反復作業を続けていると、筋肉が疲労して腕の感覚が薄れてくる。また、腰を屈《かが》めなくてはならないので、背中が引きつりそうになる。そんな感じでスコップでの掘削作業は絵に描いたような肉体労働が続くことになる。でもその反面、労働の成果が目に見えるので達成感を覚え、流れる汗の一粒一粒が充実感をもたらした。

昼勤は少人数のため、仕事ができない僕でも戦力として期待される。その期待に応えるためにも僕は汗を流した。そして時計を見る間もなく集中して働いたせいか、昨日はあんなに長く感じた労働時間も、思いのほか短く感じられた。

夜の十一時四十分ごろに作業は終わり、十二時には車に乗り込んで出発した。僕は親方の必要以上に大きな声で話される馬鹿話を聞き流すと、何を考えるでもなく窓から外の車の流れを眺めていた。

すると若い男女の乗った高級外車が僕らを軽やかに追い抜いていった。夜中のハイウェイドライブだろうか。きっと飯場で働く男たちにとって、このような生活は生涯無縁の世界なのだろう。そして男たちは動けなくなるまで未熟練の労働者として働き続けることになる。もし働くのをやめてしまえば、帰る家も財産もない男たちは、路上をさまようしかない。そんなことを考えると、彼らの自由気ままな生活をうらやましく思う反面、何も蓄積することなく人生を消費して生きている生活が何だか悲しいものに思えてきた。

すると突然、親方がニタニタと嫌らしい笑みを浮かべながら、髭面の運転手に向かって意外なことを言った。

「タイの奥さんに電話したりすんですか？」

僕は耳を疑った。だが、確かにはっきりとそう聞こえた。

「ああ、国際電話をかけるよ。愛してるー、なんて言っちゃってねー」

髭面の運転手はおどけた調子で答えた。そして自慢げにタイでの生活を喋りだした。

俺はこっちでわざわざ三万も出して女を買いに行く気にはなんないね、馬鹿らしくって。向こうでやれば五千円だよ五千円。俺はかーちゃん（奥さん）いっからそんなところには行かねーけどな。でも、他にやらしてくれる彼女がちゃんといてな、そいつにガキができちゃってよー。向こうの女は何だかガキをおろしちゃいけないらしいんだよなっ、神様の罰が当たるだか何だかって言ってさー。もしかーちゃんにそのガキが見つかったら俺は殺されちまうぜ。そんで向こう（タイ）から帰ってくるときにさ、こっちで働きたいって女を連れてくんだよ。向こうで乗るときはいいんだけどよー、こっちで降りるときはチェックが厳しいからよー、飛行機から降りたらトイレに入って、女をバッグの中に押し込んでから出んだよ。それでも俺なんか毎度チェックされてっから、成田の一番で降りても二番から出るんだよ。

うまいこと抜け穴があってよー、知らねーだろ。捕まったら、私文書偽造どころじゃなくって誘拐送検になっちまうからハラハラもんだぜ。

この「タイの男」は、背も低くて小太りのずんぐりむっくりで、無精髭に寝癖のついたボサボサ頭をしている。まさか奥さんがいるなんて思いもよらないばかりか、女の人とも縁遠いと思っていたのだけれど、どうやら違ったようだ。といっても犯罪に手を染めているのでモテているわけではないのだが。まあとにかく、このタイの男は何とも怪しい人物だ。風呂場で一緒になったときにはこんなことがあった。

「努（彼はいつの間にか僕のことを名前で呼んでいた）はここに来る前は何やってた？」

いきなりそんなことを訊かれるとは思っていなかったので驚いたが、僕は咄嗟に嘘をついた。

「フリーターをやってました」

「こっちでか？」

「いや、実家の方で」

「親は何やってんの？」

「普通のサラリーマンです」

「高校は出たの？」

「一応出てます」

「努は高校出かー、俺は中学しか出てねーよ。とにかく、努は金が欲しいんだろっ、どうだ、パスポート作らねーか？　無利子で五十万貸してやるぞ。ただパスポートを作るだけでいいんだぜ、こんないい話はねーぞ。いくら借りたって金があるときに返せばいいんだから」

　まったく、この男は一体何者なのだ。僕は断る理由が見つからなくて困ってしまったが、何とか理由をひねり出した。

「五十万なんて大金を持っててもギャンブルですぐに使っちゃうだけですから、遠慮しときますよ」

　今度はこちらから質問してみようと思ったが、右肩から太股にかけて彫られた入れ墨から放たれる無言の圧力によって跳ね返された。

　このタイの男のように、飯場にはちょっと変わった人が多い。飯場では、採用の面接でも履歴書は必要なく、労働者の過去も訊かれない。飯場側としては、犯罪に手を染めていようが、失踪中だろうが、転職ばかり繰り返していようが関係ないのだ。労働者がどんな過去を持っていたとしても、一日の労働をちゃんとこなしてくれれば問題はない。そんなわけで、飯場には様々な人間が集まる。

例えば、こんな人もいた。

「地下鉄の仕事は初めてやったんだけど、汚れるねー。前に下水道の仕事やったことがあったけど、あれもものすごく汚れんだよ。でも、地下鉄の仕事もやっぱり同じくらい汚れんだねー」

仕事を終えて洗濯をしていると、四十歳くらいの男が話しかけてきた。

地下鉄現場は汚れとの戦いでもあった。現場は土だらけで、あちらこちらに水が漏れて泥になっているところもある。ときには長靴が埋まってしまうほど深い泥の中に入らなくてはならないこともあって、汚れないで仕事を終えるのは不可能に近かった。

男たちは地下鉄の仕事は汚れるから嫌だと言いつつも、半ば諦めて泥だらけになって働いていた。中には顔を泥で真っ黒にしている人もいて、そんな人は作業が終わるころには泥が白く乾き、ヘルメットを脱いで癖のついた髪の毛を出すと、まるでドリフターズのコントのような姿になる。

男との会話が続いた。

「田舎はどこなんですか？」

「あ、俺？　宮城県だよ」

「ここに来る前もやっぱり飯場にいたんですか？」

「そうだね、いろんなところを転々としてるよ。ほんとは一ヵ所にとどまっていた方がいいんだろうけど、ほら、給料も上がるし。でも、俺みたいに移動する癖がついちゃってると、どうも長続きしないんだよね」

「何でですかね」

「同じ仕事ばかりやってると、飽きちゃうんだろうね。そう、長くても一年は無理だね。お兄さんも、これからこの仕事を続けんだったら、ここみたいな人夫出しのとこじゃなくて、直請けしてるちゃんとした会社に行った方がいいよ。そんで、一ヵ所で長く続けた方がいいよ」

男は自分の人生を後悔しているのだろうか。そして、仕事に飽きて飯場を転々として、辛いことがあると逃げてしまうような生活を変えようと思っているのだろうか。四十歳と言えば、サラリーマンだったら会社でも役職につき、子供もいて、マンションくらい買っているような年齢だ。そんな男が、毎日泥だらけになって働いている。この男がこれからも転々と現場を渡り歩きながら一人きりで歳を重ねていくのかと思うと、少し哀れに思えた。

飯場には、この男のように職場を渡り歩く人が多い。ある男は、中元と歳暮の時期は運送会社で働き、年度末には引っ越しの仕事をして、それ以外の時期は飯場で仕事をしていると言っていた。まるで季節労働者のように業種の繁忙期を狙って、職場を移動していくのだ。

また、この転々と現場を渡り歩くということが、山谷や飯場労働者の特徴的な気質でもある。飯場の人間は、しっかりとした主従関係の中で働くことができなかったり、人間関係が苦手な人が多い。

そして、定職を持たず結婚もせず、決まった住まいも持たないでぶらぶらと気ままに生きる彼らの生活を、僕らの社会は心のどこかで蔑視している。一ヵ所で真面目に働くことのできない駄目な人間だと言い、ホームレス一歩手前の負け犬だと烙印《らくいん》を押す。

でもそんなサラリーマン社会で生きる人間も、放浪生活への憧れというものを持っているのは確かだ。例えば、映画寅《とら》さんシリーズが愛され続けているのも、主人公寅次郎の自由な生きざまに共感しているからだ。

柳田国男という民俗学者によると、もともと日本人には農民など一定の土地に定住する人とは反対に、定住しないで生活を送る漂泊民が存在していたという。漂泊民には、信仰伝播《でんぱ》者、芸能者集団、山人などがいたという。そしてそんな漂泊民の中に技術者集団もいたらしい。常に村で仕事があるのは大工左官くらいで、他の職人は村から村へと渡り歩いて生活していたそうなのだ。まるでジプシーのように社会を渡り歩く生活が、日本社会の中でも存在していたのだ。

このように日本社会の中に存在し続けてきた漂泊の精神というものは、人間が本質的に持っている普遍的な願望なのだろうか。ひょっとしたら、都会の中で飯場から飯場へと流れ、現場から現場へと移動を繰り返すドヤ街や飯場の男たちは、そんな漂泊民の魂を受け継いだ現代の漂泊者なのだろうか。

そして困ったことに、その漂泊の精神は、僕自身の心の中にも眠っているのかもしれない。一般的な企業に入って、一ヵ所に留まって毎日同じ生活を繰り返せる自信がない。

これから先、僕は飯場の世界の中を、一体どこまで漂流することになるのだろう。ひょっとしたらもう、僕は自分が気がつかないうちに、引き返すことのできないきわどいところまで流されてしまっているのだろうか。

仕事のコツ

ある日のこと、現場に着くと何だか様子がおかしかった。なぜだかベルトコンベヤーが外されて作業場が変形していた。そして、その周りを朝勤の男たちがあたふたと歩き回り、親方は何だか機嫌が悪そうであった。現場にはピリピリとした緊張感が流れていた。

朝勤の親方は昼勤の親方に、昨日まで作業していた場所を指差して言う。

「あそこはもう駄目だ。中止だよ、中止」

掘削していた箇所の一部が崩れてとても危険な状態になってしまい、これ以上作業を続けるのが困難になってしまったのだ。そして掘削していた場所を土嚢《どのう》で塞《ふさ》ぐことになった。

僕らは二人一組になり、一人が袋を広げてもう一人がスコップで土を入れた。

僕はあまり働きそうもない男と組まされた。僕がスコップで土を入れようとしてもまだ袋を広げていなかったり、交代して僕が袋を広げてもノロノロと土を入れ、作業は一向にはかどらなかった。

だがそんな僕たちとは対照的に、隣の組はホイサホイサと次々に土を袋に詰めている。彼らは、より速くてやりやすい方法を見つけて作業をしていた。そして男は僕と目が合うと、

「ここだよここ」と言って頭を指差した。

土嚢はかなりの数を作らなくてはならないので、単純作業が長く続いた。みんな「ハイッ、ハイッ」と声をかけ合ったりそれぞれ工夫したりして、一種のゲームのような感覚で作業を進めている。小気味よいテンポで行われる作業は、はたから見ていて気持ちがよい。

初めは一生懸命やる彼らの姿を見て、タラタラやっても同じ給料なのだから張り切っても得はしないのにと思っていたが、単純作業をタラタラと長く続けるほど苦痛なものはない。彼らはそんな単純作業の辛さをやわらげる術《すべ》を心得ていたのだ。

末端の仕事は確かに誰でもできるような仕事が多いのだけれど、そんな中でもちょっとし

たコツのようなものがある。

例えば、男たちの中にも仕事をしていて汚れのひどい人とそうでない人とがいる。でも、汚れの多さに比例して仕事の量も多いかというと、そうとも限らない。

泥だらけの重い残材を運ぶときは、下手な人は腕力だけでは持ちきれずに体を使って運ぶので泥だらけになってしまう。ところが、馴れた人は体にあまりつけないで上手い具合に運ぶことができる。また、仕事の器用な人は同じ穴掘りをやっても汚れが少なく、そうでない人はたちまち泥だらけになってしまう。

ところで僕はというと、それ以前の問題だった。汚れてもかまわない作業着を着ているにもかかわらず、無意識のうちに汚れるのを避けていた。

洗濯すればよいのだから汚れたってかまわないと自分に言い聞かせるものの、どうしても汚れを気にしてしまう。頭ではわかっていても体が反射的に避けてしまう。情けない話だが、仕事の経験というより、単に心構えの問題なのかもしれない。

トン公物語

昼勤の仕事を終えて寮に帰る途中、タイの男に夕食を誘われた。何とも怪しげな人物だったのであまり近寄りたくはなかったけれど、深夜一時に帰ってきてから一人でコンビニ弁当を食べるのも何だか侘《わび》しいので、一緒についていくことにした。

タイの男と親方と僕の三人で深夜営業のラーメン屋に入ったのだが、三人とも汚れたままの作業着姿だったので、何だか恥ずかしかった。

「いらっしゃいませ」

カウンターの奥から五十歳くらいの女性従業員が張りのない声で言った。ここにも、こんな時間まで働いている人がいるのだなあとしみじみ思ったと同時に、自分の母親の顔が浮かんだ。母親は、まさか僕が飯場で生活しているだなんて夢にも思っていないだろう。

僕たちは入り口近くのテーブル席に座った。古びたオレンジ色のテーブルは、ねっとりとした油が染みついて鈍く光っている。注文を済ますと、タイの男が話し始めた。

「今日、仕事が終わって駐車場に行く途中、前からいい女が歩いてきたんだよ。そしたら目をそらしてぐるっと避けるんだよ。まったくやんなっちゃうよ。おまえらと同じ人間だぞって言ってやりたかったよ。でも、やっぱり街のど真ん中に汚れた作業服で地下から出てくるのは何だか恥ずかしいよな」

すると親方が答えた。

「でも仕事だからしょうがないでしょ、俺たちだって好きで汚れてるわけじゃないんだから。

俺なんて綺麗な服を着た人はかえって避けてもらった方がいいよ。ぶつかって汚しちゃってクリーニング代払わされたんじゃかなわねーからさ」

どうやら汚れた作業着で街中を歩くのが気になるのは、僕だけではないようだ。

注文したラーメンが運ばれてくると、僕らは話もせずに黙々と食べた。五十歳を過ぎた飯場労働者が週刊漫画のグラビア写真をニヤニヤと眺めながら、大きな音を立ててラーメンを啜る姿を目の前にすると、何だか切なくなった。

食べ終わると、タイの男は伝票を持って勘定を済ませた。僕は急いで自分の代金を払おうとしたが、「いいよ、奢ってやるよ。どうせ金がねーんだろ」と、受け取ってもらえなかった。

店を出るとき、親方が汚れた作業ズボンを見ながら店員に言った。

「俺らいつもこんな格好だけど大丈夫？」

「もちろんかまいませんよ」

顔に深い皺を寄せながら、年配の女性従業員が明るく答えた。

深夜の国道沿いのラーメン屋にまさか小綺麗なスーツ姿のお客ばかりが来るとも思えなかったので、このやりとりが少し面白かったのだけれど、そんな親方の気持ちもわからないでもなかった。

こんな感じで、僕は飯場のメンバーたちと徐々に打ち解けていった。飯場の中に、ようやく自分の居場所が見つかったような気がした。

だがそれから間もなく、僕は急遽《きゅうきょ》朝勤に戻ることになった。あまり気が進まなかったが、こればかりは会社が決めることなのでどうにもならない。

とはいっても、まんざら嫌なわけでもなかった。朝勤には僕と同じ年齢の浜田君がいて、彼と仲良くなるのも面白そうに思えた。初めて会ったときに今度飲みに行こうと誘われたきり、僕が昼勤に移ってしまったので、仕事の入れ替わりのときにしか顔を合わす機会がなかった。

浜田君は中学を卒業してから飯場生活をしていて、十数軒の飯場を転々としているという。でも、どうして彼はわざわざ飯場で生活しているのだろうか。また何を思いながら日々の生活を送っているのか。もっと若者が集まる職場もあるだろうし、汚れない仕事だってあるはずだ。もちろん建築関係の会社で職人を目指すことだってできる。家庭環境なのか、何かから逃げているのか、理由はわからない。朝勤に移るのをきっかけに、もう少し詳しく話を聞いてみたかった。

ところが、番割り表を見るなり期待は裏切られた。トン公者二名と書かれた下に浜田君の名前が書かれていたのだ。予期していなかった出来事に啞然とした。

確かに彼はトン公したいとこぼしていたが、それはよくありがちな仕事への不満の表れだと思っていた。他の男たちもここの飯場を早く辞めてよそに移りたいと言っていたが、正月までは我慢しようと口を揃えていた。

浜田君も正月までは我慢すると言っていたので、少なくとも年内は辞めないと思っていた。だが彼は辞めた。しかも退職という手続きを踏まずに逃げてしまった。

当然、トン公した者には残りの給料は支払われない。紙切れ（退職届のことを彼らはこう呼ぶ）を一枚出せば済むことなのに、なぜ浜田君はトン公してしまったのか。でも、まったく心当たりがないわけでもなかった。前に現場ですれ違ったときに、浜田君がこんなことを言っていた。

「社長がさあ、俺にさあ、まだ若いんだから飯場の正社員になって、現場仕事をするんじゃなくて、営業に回ってみないかって言うんだ。でも、俺はそんなの嫌だよ。今まで一緒に働いていたみんなのことを上から使うのなんて。どうしてもやれって言うんだったら、よそに行って働くよ」

そんな言葉を聞いて、彼の優しさがよく伝わってきたのだけれど、僕は社員になって働けばいいじゃないかと思っていた。五十歳になっての肉体労働なんて僕にはちょっと想像しがたいものがある。でも、浜田君は管理する側の人間になることを嫌がっていた。それが原因で浜田君が飯場からトン公したのかどうかは、今となってはわからないけれど、皆が寝静まった夜、荷物をまとめて見つからないように逃げる彼の姿を想像すると悲しかった。

ところで、このトン公という言葉は、飯場労働者やドヤ街住人の気質がよくあらわれた言葉でもある。軟禁状態で強制的に働かされるタコ部屋がなくなった現在でもこの言葉が使われているのは、いまだに現場や飯場から逃げてしまう労働者が多いからだ。一人前の職人になることのできなかった男たちは、仕事や人間関係で何か問題を抱えてしまうと、それに耐えたり困難を乗り越えたりしようとするのではなく、トン公してすべてをリセットしてしまう。ある意味では楽な生き方なのだろうが、仕事を通して自分の中に蓄積されるものが少なくなるので、いつになっても未熟練の仕事を繰り返すことになる。

しかし、このような生活スタイルは、わけありの過去を持つ人や、対人コミュニケーションが極度に苦手な人にとって、過ごしやすい環境でもある。一概に彼らの価値観や生活スタイルを否定することはできない。人間、誰もが強いわけでもないし、競争社会を走り抜けられるわけでもない。社会のレールから距離を置いた世界というのも必要なのだろう。

浜田君のトン公の件があったせいか、この日の作業は気分がのらなかった。いや、理由はそればかりではない。昼勤での僕の仕事は前線での掘削作業だったので成果が目に見えてやり甲斐があったが、朝勤に戻ってベルトコンベヤー番をさせられると、たちまち労働意欲が萎《な》えてしまった。単純作業の繰り返しは時間ばかりが長く感じられた。そして日の当たらない地下での単調で孤独な作業は、僕の精神ばかりを疲弊させていった。

健康診断

いつものように仕事帰りに事務所に寄ると、「これから健康診断をするから」と言われた。飯場では年二回の健康診断が義務づけられていて、今がちょうどその時期だった。健康診断は時間がかかるだけでなく、七千円ほどの費用も自己負担になる。指名された七人のメンバーは車に乗って近所の病院に向かった。

病院は小さな町医者だったが、新しくて綺麗だった。僕が受付を済ませていると、看護師が目を大きく見開いて金切り声を上げた。

「ちょっと、あなた何考えてるの、ここは病院よ！」

僕は何かまずいことでもしてしまったのかと驚いたが、後ろの男が缶ビールを飲んでいるのを見るとすぐに納得できた。

検査は初めに尿を採られ、その後視力検査に移った。

「こんな眩しいところじゃ何も見えねーよ」

「俺ってこんなに目が悪かったっけ」

男たちの視力は弱かった。ほとんどが〇・五以下で、一・〇以上の者はいない。親方に至っては〇・二のマークが見えず、看護師に「メガネかけた方がいいですよ」と言われていた。

「そんなもんかけたら邪魔になって仕事ができねーよ」と、親方は少し不機嫌そうに言った。それほど視力が弱かったら仕事に差し支えると思うが、現場ではあまり支障がないようだった。男たちが「眩しい」「明るすぎる」と言うように、やはり強い照明のせいなのだろうか。朝勤のメンバーは、日差しを受ける時間がほとんどなく、一日の大半を薄暗い場所で過ごす。明るすぎる場所で目がよく見えないというのも頷《うなず》ける気がした。

次は聴力検査を行った。これにはさらに驚かされた。僕ともう一人の男以外は、どちらかの耳に聴力障害があったのだ。

地下鉄工事の男たちは轟音の中で作業しなくてはならないこともある。僕もハツリの作業後には耳がおかしくなった。男たちの聴力が弱いのはそのせいもあるのだろうか。

男たちの視力と聴力が弱いのを、仕事や労働環境のせいだと断言することも証明することもできない。僕の思い込みであって、ただ高齢のせいなのかもしれない。でも思い込みだったにしろ、このように身体能力が低下してしまった男たちが環境の悪い現場で働き続けなければならないことは事実だ。

心電図の測定では、白いシーツが敷かれた診察台の上に横になった。シーツはすでに測定を済ませた男たちによって汚されていた。僕たちは汚れた作業着のままで、シャワーすら浴びていなかった。

診察台の上に仰向《あおむ》けに寝ると、測定器具を体に取りつけるために看護師が体にクリームを塗った。看護師は太った中年のおばさんで、飯場労働者の方が健康に見えた。

そんなおばさん看護師が相手でも、実際に汗ばんで汚れている体に触られると、何だか気恥ずかしさと申し訳なさとが混ざり合う。僕は、この看護師は何を考えながら汚れきった労働者たちにクリームを塗っているのだろうかと考えていた。蛍光灯の白い光に包まれ、目の前がぼやけてくると、次第に眠気が襲ってきた。

飯場の境界線

飯場で生活していて、どうしても気になることがあった。それは初めの予想とは裏腹に、彼らがあまりにも勤勉に働くことだ。地下鉄工事の男たちは仕事がある限り、だいたい週休一日のペースで働き続けている。

形の上では休日届を出せば何日でも休むことができるが、代わりに入った人に仕事を取られてしまうので、休日届が頻繁に出されることはない。また、地下鉄工事は忙しいときには日曜日も作業を行う。そのため、主要メンバーの中には十七日間連続勤務だという人もいた。きつくて、汚れて、休めないので、飯場で生活する人の中には地下鉄工事を避ける人もいる。

僕は金を稼ぐことが目的ではないので、仕事は一日おきぐらいがちょうどいいと思っていた。そのせいで待機組になったとしても、飯場で生活できるのならそれでもかまわなかった。だが、さすがに五十歳近くの男たちが毎日汗水流して働くのを目の前にして、若い僕がすんで仕事を休む気にはなれない。

また、彼らは仕事を休まないばかりか、仕事中も呆れるほどに真面目だった。親方は仕事の区切りが悪いと、頼まれもしないのに残業をする。もちろん僕らも残業につき合わされることになる。

聞こえないようにブツクサ文句を言う人もいたけれど、親方が一服の合図をしているにもかかわらず、「あともう少しだから」と休憩の時間をつぶして働いていた人だったので、笑えてしまう。

男たちにはノルマがあるわけではない。給料は頑張ろうが怠けようが一律の一万円だ。能力別に手当が出る飯場もあるが、ここの飯場は親方ですら僕と同じ一万円だった。

そして男たちは、毎日のように事務所の悪口を言いつつも、仕事の手を抜くことを知らなかった。僕はここに来る以前、飯場労働者はタラタラといい加減に仕事をしているのだろうと見当をつけていた。だが、まったくもって大間違いであった。

しかし、なぜ彼らはこうも勤勉なのか。

もちろん全員が勤勉というわけではない。中には休み癖・怠け癖のある人もいるし、待機組の中には月に七日程度しか働かない人もいる。それでも、七割程度の労働者はかなり真面目に働いている。

僕が飯場に来たきっかけは、山谷の男たちが新聞広告で飯場の仕事を探しているのを知ったからだ。そのため、僕は飯場の生活を山谷のように自由な場所だと考えていた。ところが実態は違っていた。残酷なほどに勤勉な人が多いのだ。

そういえば、飯場の男たちがホームレスに対してこんなことを言っていた。

いつものように仕事を終えて車で寮へ帰る途中、隅田川を渡ったときのことだ。

ちょうど僕の隣に座っていた津田さんという背の高い男が呟くように言った。

「この川の周りやら高速の下なんかに、（ホームレスの）テント村なんかがあるんだよな。やっぱり冬でもテントなのかな、寒いだろうに」

津田さんは四十代前半で飯場では比較的若い。背が高くて体格がいいのでいかにも仕事ができそうに見えるが、あまり率先して働く方ではない。津田さんは北海道の網走《あばしり》出身で、都会に出てきて十三年になるという。それ以前も出稼ぎで網走と東京を往復していたそうだが、網走に帰ったところで寒いだけで何もないので次第に都会の雰囲気に魅了されて家を出たそうだ。そのときには十人くらいで仲間と一緒に出てきたが、今ではその人たちとも連絡が途絶え、何をやっているのかもわからないという。

そんな津田さんの呟きに運転手の宮田さんが答えた。

「冬もテントだよ、段ボールかなんかで囲ってさ」

すると助手席から、大きくて丸い目が特徴の刈谷さんが目をクリクリさせながら口を挟む。

「いくら仕事がないっていっても、探せばいくらでもあるんだよ。あいつら怠けてるだけなんだよ」

この宮田さんと刈谷さんは共に沖縄県の出身だ。二人とも背が低くて色黒で、一目で沖縄の人だろうと思わせるほどに濃い顔立ちをしている。正直、二人とも仕事は真面目にやるのだけれど、親方の指示をきちんと聞かずマイペースで仕事をしているので、飯場の仲間グループからは外れていて、いつも二人でつるんでいる。

そして網走出身の津田さんが続けた。

「でもあんだけ臭かったら現場もとってくれないでしょ。飯場に入って何週間か暮らして臭い消してっからじゃないと無理だよ。一日やそこらで消せる臭いじゃねーよ。それにしても、あいつらには羞恥心《しゅうちしん》というものがないのかね」

　すると運転手の宮田さんが答えた。

「うちの飯場にも一歩間違えれば路上生活しそうな奴らもいるけどな。俺がここにいるのは、ほんの腰掛けだけどよ、その腰掛けが抜けらんなくなる奴もいるよな。そうなったらおしまいだよ。ああ、正月まで我慢しよう。今飛び出したって雇ってくれるとこなんてどこもねーかんな」

　そのあと、沖縄の二人は地元の話で盛り上がり、刈谷さんが目を輝かせながら、息子の自慢話を始めた。刈谷さんは飯場住まいではなく、近所のアパートから飯場に通っている世帯持ちなのだ。

　刈谷さんは息子の大学入学に伴い、千葉に引っ越してきたという。刈谷さんは飯場を転々としながら働き、奥さんはスーパーマーケットの警備員をしている。そして現在、大学に通う息子は卒業を控《ひか》えているという。

　そして刈谷さんは、自分の息子は勉強がよくできて、司法試験を目指すのだと何度も繰り返した。

　毎度のことなのだろうか、刈谷さんの自慢話が始まると他の男たちは呆れたように口を閉ざした。独り身で生活する宮田さんや津田さんにとっては、あまり面白くない話だろう。また、自分でアパートを借りて息子を大学まで入れている刈谷さんの口調は、どこか飯場の人間を見下しているようにも感じられた。

飯場の人間がホームレスを線引きするように、彼もまた、心のどこかで飯場の人間と自分とを明確に線引きしているようだ。

またこれに限らず、飯場の人間はドヤ街の住人と自分たちとを明確に線引きをしている。ある男に山谷に行ったことがあるかと訊いたときには、こんな答えが返ってきた。

「あー、あそこ（山谷）なんかは駄目だよ。あそこで立ってる人なんかは、部屋なんて借りねーで、そこら辺に寝っころがってる人が多いんじゃねーかな。ここみたいな飯場が忙しくなって人手が足りなくなると、あそこへ行って拾ってくんだよ。ようは、おこぼれの仕事なんだよな。昔はよかったらしいけど、あそこに行くのはよしといた方がいいよ。あんなところにいるのは怠け者ばっかだから。仕事探せばちゃんとあるんだから、現に俺たちだって仕事やってるじゃんか」

これは例外ではなく、他の人に訊いたときにも、山谷に対して同じような侮蔑《ぶべつ》の言葉が返ってきた。

このように、飯場の住人にはホームレスやドヤ街の人間を見下している人が少なくない。日雇い労働者の多くは、ドヤ街にしろ飯場にしろ、家がなく、財産がなく、家庭を持たない人が多い。そこには目に見える境界が存在しない。そして明確な境界が存在しないからこそ、彼らは必死になって線を引こうとする。そしてその線引きは、会社に対する従順さや仕事に対する勤勉さという形で現れる。

彼らは言う。まだ下がいる、俺たちはまともだぞ、と。そしてそれをバネにして、明日からの辛い仕事や厳しい現実に対して向き合うことができる。

そして悔しいことに、彼らが持つような感情は、僕自身の中にも眠っている。いまだに僕は、住所不定の男たちを、仕事を長く続けられないことを、汚れる単純労働の仕事を、ギャンブルと酒に浪費されてしまう人生を、心のどこかで見下していることを否定できない。あまり認めたくはないことだけど。

飯場失格

「お兄さん今いくつだ？」

仕事を終えて車で飯場へ帰る途中、沖縄出身の宮田さんが話しかけてきた。

僕は年齢を答えるのはこれで何度目になることやらと思いながら答えた。

すると宮田さんは、「二十四じゃ、大工は無理だな。木の性質を覚えるところから始めなくちゃなんねーからな」と独り言のように漏らすと、バックミラーで後部座席にいる僕の姿をチラッと見てから話を続けた。

こんな人夫出しなんかで働かないで職人につけよ。ここの連中は誰も仕事なんか教えてくれねーぞ。ここじゃ教えても手当も何にもつかねーから誰も教えねー。このままここにいたんじゃスコップ振り回すだけで一生終わっちまうぞ。だからこんな飯場は早く辞めて職人につけって。でも、最低五年は辛抱しなくちゃ一人前の仕事はできねーかんな。

今はどうか知らんが、昔の職人は厳しくってさー。手取り足取りなんか教えてくれねーんだ。ただそこにいて仕事を見てろって言うだけでさ。そういうときは見て盗めってことだから、じっと見てるわけさ。言葉づかいとかも厳しくてねー、うかうかと喋れねーんだ。そんで、へまをやらかすとトンカチやらカンナが飛んでくんだ。おっかなかったなー。一度ものすごく怒らしたことがあって、そんときはおっかなくて家に逃げ帰ったことがあったよ。そんで親方が夕方になって家に来て、明日も来いって一言だけ言ってってったんだ。

でもまぁ、これは昔のことだから、今はそんなに厳しくねーんじゃねーか。とにかく大変かもしれねーけど、早くここを出て、ちゃんとした職人のところに行った方がいいぞ。まだ若いんだから、今のうちだぞ。

確かに宮田さんの言うとおりだ。実際、朝勤になってからというものベルトコンベヤーの見張りばかりやらされて、何も仕事を教えてもらえない。おまけに一人離れた場所で作業をするので、親方たちの姿を見て仕事を覚えるということすらできなかった。

親方は「怪我されると困っから、お前は当分ベルコン番だ」と言っていたが、僕に教えながらの作業がめんどくさく、手間がかかるのが嫌だったのかもしれない。このまま朝勤で働いていたのでは、僕はこのまま何も進歩できずに終わってしまうのではないだろうか。

またそんなことを考えると、この宮田さんの言葉が、単に僕に向けられたものではなく、宮田さん自身に向けられた、人生に対する後悔の言葉のように感じられた。あのときに、厳しい親方や仕事から逃げないで一人前の職人になりたかった、と。

僕も初めは、別に飯場に長くいるわけじゃないし、そのうち元の生活に帰るのだからかまわないと思っていたけれど、建築業界で最底辺の未熟練労働とされる世界でさえ認められないのが情けない。僕は大学を卒業してすぐに就職するという道を選ばなかったのだけれど、この土木の末端の仕事ですらまともに勤まらないようでは、実は自分自身に大きな欠陥があるのではないかと思えてくる。

僕はただの社会不適応者なのではないか。社会に必要とされない人間なのではないか。もし大学院生という肩書きを取ってしまったら、土木の末端作業ですら認められない僕は何者でもなくなってしまう。そして僕は今、この飯場で、驚くほどに無力な自分自身と向かい合ってしまった。

飯場労働者への道

ベルトコンベヤーの見張りばかりが続いて仕事に嫌気がさし始めていたころ、ある男の手元で足場組の補助作業をすることになった。

足場を作る資材は、タンカン・クランプ・足場板（歩み板）・バンセンの四つがある。タンカンは鉄パイプのことで、直径は五センチほどで長さは一メートルから六メートルと様々で、用途によって使い分ける。クランプは、骨組みになるタンカンとタンカン、タンカンとH鋼を接続するためのものだ。足場板は、クランプで接続したタンカンの骨組みの上を、人が歩けるようにするために渡す金属製の板だ。そしてバンセンは、足場板を固定するための太い針金のようなもの。

現場は骨組みとなる鉄骨が縦横にのびているだけだが、足場を作ることによって各フロアーに床ができ、労働者が作業をすることができるようになる。足場を作る作業は、人が歩け

足場とその道具

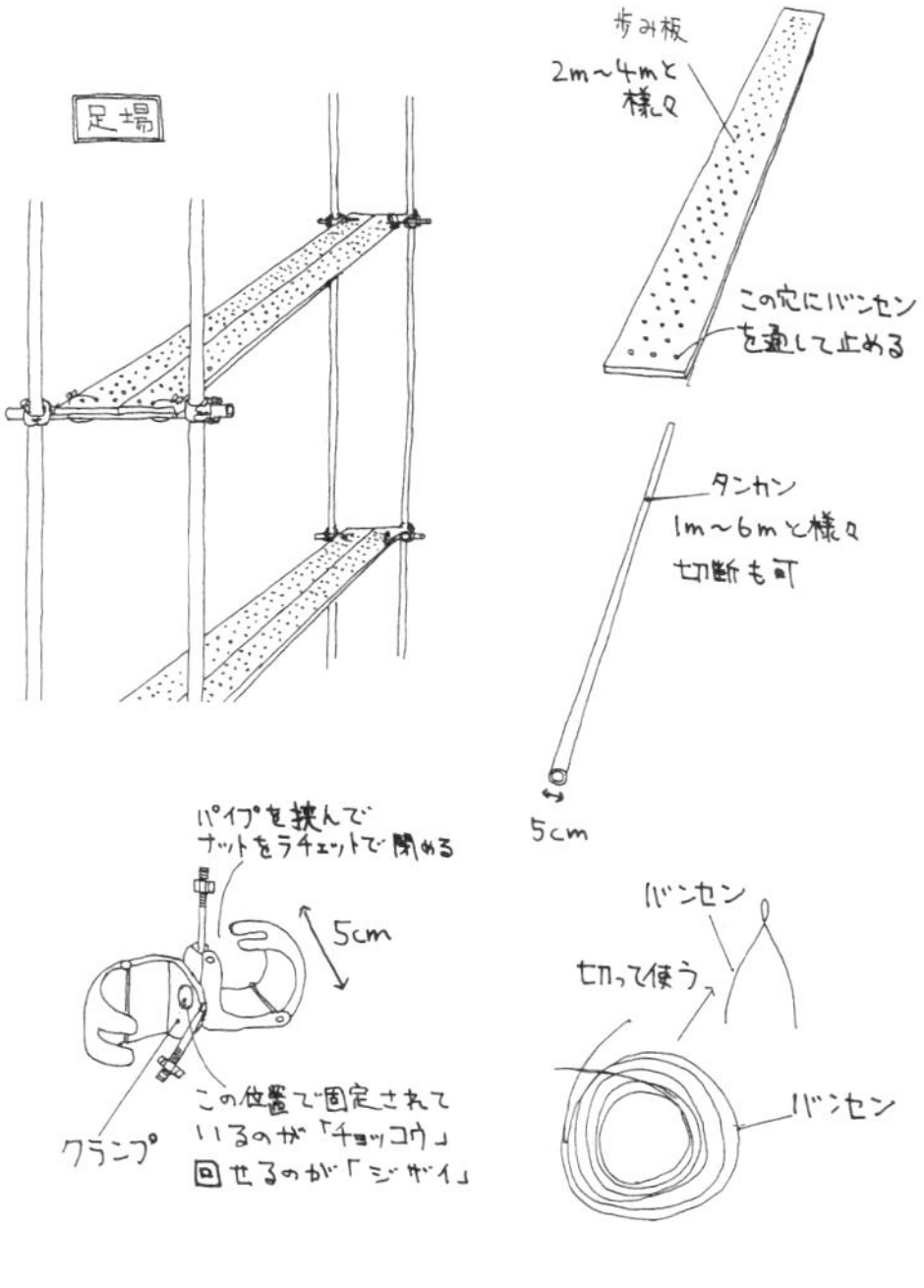
足場
歩み板
2m〜4mと様々
この穴にバンセンを通して止める
タンカン
1m〜6mと様々
切断も可
5cm
パイプを挟んでナットをラチェットで閉める
5cm
この位置で固定されているのが「チョッコウ」
回せるのが「ジザイ」
クランプ
バンセン
切って使う
バンセン

ないところや高い場所で行うので危険を伴う。これは本来とび職人の仕事だが、一時的に作る簡単なものだったので僕らが作った。でも、簡単といっても誰にでも作れるようなものではなく、僕は材料を手渡す補助作業をした。

男は組まれた骨組みにスルリと登り、器用に足を絡ませてパイプの上に座った。

「おーい、チョッコウ二つ投げてくれやー」

「何ですか、そのチョッコウって」

僕が答えると、男は少し怒り気味に言った。

「チョッコウって言ったらチョッコウだよ！」

僕は足場組に使う四つの資材の説明は受けたが、そのチョッコウという資材は聞いてなかったので何のことだかわからなかった。足元に並べられた資材を見てもそれ以外のものは見あたらない。

「だから、そのチョッコウっていうのがわからないんですけど」

男は呆れた顔をしてこちらに降りてくると、袋に入れられたパイプを接続するクランプを取り出して説明を始めた。

「タンカンを直角につけるときに使うのがこの直交クランプだ。ほら、ちゃんと直角になっとるだろ。そんで、角度が自由に変えられるこれが自在クランプ。H鋼にタンカンをつけるときには、このキャッチクランプだ。Ｈ鋼のＨの形のところに万力《まんりき》みたいに挟むんだ。俺がキャッチって言うたらこのキャッチクランプで、チョッコウって言うたら直交クランプだぞ。この現場に限らずどこでも使うから、もしこの仕事で食ってこうと考えてんだったらこのくらい覚えろよ」

僕はあらかじめ説明してくれてもよかったのにと思いつつも、なるほどと頷いた。

でも、クランプの説明より「もしこの仕事で食ってこうと考えてんだったら」という一言が重くのしかかった。

実際のところ僕は社会に出ることをためらう若者のうちの一人なのだけれど、ひょんなキッカケから飯場で生活を始めた。彼らの生活を知ることで、何か自分が変われるのではないかと思ったからだ。でも、そんな軽い気持ちで飯場生活を送っていていいものなのだろうか。飯場で生活するものの、頭でっかちになって現実の飯場生活から目をそらしてしまっているんじゃないだろうか。何かをわかった気になって彼らの生活を見下しているのではないだろうか。

僕は、そんな上からの視点で飯場生活を送るのではなく、一人の飯場労働者としてやみくもに働くべきなんじゃないだろうか。彼らと同じ目線に立たなければならないのではないだろうか。また、その視点からでしか、本当の飯場労働者の価値観や世界観といったものは見えてこないんじゃないかと思えた。

そしてそんな迷いを抱えながら飯場生活を送っていたある日のこと、親方から声がかかった。

「塚田君は休まないよなー。いやぁ、真面目だよ。大したもんだ」

僕は「はぁ」と軽く返事したものの、ようやく親方の目に入るようになったことがわかって心が躍っていた。辛いながらも仕事を休まなかったことが評価されたのだ。何だか、仕事に対して前向きな考えになってきた。

その日の仕事は現場の掃除だった。ゼネコンの偉い人が視察に来るので急遽大掃除となったのだ。

僕は資材の片づけを命じられた。もう一人の男と手分けして、現場のあちらこちらから使っていない鉄パイプやクランプ等の資材を拾い集めてくると、かなりの量が集まった。クランプを形別に分類して袋の中に入れる作業はすぐに終わったが、パイプを資材置き場に運ぶ作業には手間取った。

パイプは一～四メートルの長さのものがあって、同じ長さのパイプを数本ずつ運んだ。もう一人の男は数本肩に担ぐとスタスタと歩いていってしまったので、僕も遅れまいとあとを追った。

ところがパイプを肩に担いだものの、骨に当たって痛い。そして狭い階段を上ると、バラバラになって崩れ落ちそうになった。本数を減らして運ぼうかとも思ったが、前方の男が苦もなく運んでいるのを見ると、本数を減らすことは何だか気持ちが許さなかった。

どこが違うのかとよく観察してみると、どうやら男はパイプの中央よりやや前を担いで、後ろに重心を持たせているようだ。そして上から腕の重さで押さえつけるようにして前方へ腕を回している。

真似をして何度か運ぶうちに次第にコツがわかると、ほとんど力を入れないで運ぶことができた。初めは骨に当たって痛かったが、当たらないポイントを見つけると痛くなくなった。

午前中で何とか掃除を終わらせると、午後からいつもの作業に戻った。

こんどは、セメントを練る作業を命じられた。親方はある男を呼んで僕にセメントの練り方を教えるように指示した。

「セメントが一に対して砂が三、それに水を足して混ぜる」

男はそう言いながらバケツを持って砂を取りに行くと、

「砂は純粋な砂じゃないと駄目だぞ。土が入ってると固まんねーからな」

と無愛想に言った。

砂とセメントをフネと呼ばれる長方形の容器に入れて掻き混ぜ、徐々に水を足しながらスコップで混ぜる。このとき、スコップはカクスコと呼ばれる刃の四角いものを用いるとやりやすい。一般的には電動の攪拌機《かくはんき》を用いるが、ここの現場では稀にしかセメントを使わないのでスコップで混ぜた。男は説明を終えると、「作り終わったらバケツに入れて持ってこい」と言って作業に戻った。

初めてセメントというものを触ったのだが、これが面白い。掴もうとするとゴム手袋をはめた手の隙間からスルスルと落ちてしまう。感触もサラサラしていて気持ちがよい。そしてセメントを砂に混ぜると砂もサラサラになり、何だか軽くなったように感じた。ところが水を加えると、セメントは水を吸ってたちまち重くなった。

何とか混ぜ終わってバケツを持とうとしたが、とてつもなく重い。とても運べそうもないので量を半分に減らして持っていったが、「これじゃやわすぎる。セメント入れてもっと硬くしろ」とやり直しをさせられた。

初めてなのだからセメントの硬さなんてわかるわけないだろうと思いつつも、仕方なくセメントをフネの中に戻した。男は心配になったのか戻ってきて、「ほら、貸してみろ」とスコップを取り上げた。そしてセメントを練り終わると、強めの口調でキッパリと言った。

「このくらいの硬さだ、覚えろよ。俺は口が悪いけど、聞けば何でも教えてやっから、わからなかったら聞きに来い。他の人は教えてくんねーかもしれねーけど、俺は教えてやっから。仕事一つ覚えればそれだけ飯の種ができっから、早く仕事覚えて頑張れよ。どこも似たような仕事だから、仕事を覚えればよそに移っても食っていけるからな」

男の言葉が、胸に突き刺さった。

その後もやたらと重いセメントを混ぜ続けると、背中や腰が辛くなった。だが、監視がいないにもかかわらず、僕はきつい体に鞭《むち》を打ち続けた。辛い作業だったが、仕事を覚えるにつれ、何者でもなかった僕が飯場労働者としての僕に近づいていく実感を覚えた。額に流れる一粒一粒の汗が、僕を大きくさせていった。

飯場の自由について

十一月の半ばを過ぎ、飯場に来て一ヵ月が経ったころ、初めて待機にさせられた。飯場の部屋の隙間から冬の気配が忍び込むと、初めて山谷を訪れたころのギラギラとした夏の日差しが、少し懐《なつ》かしく思い出された。

待ちに待った休みではあったけれど、平日にいきなり休みをもらっても、体を休めることくらいしか思いつかない。といっても、一台のテレビと布団しか置かれていないこの部屋では、することが何一つ見つからない。飯場の労働者が休みの日に決まってパチンコや競馬へ足を運んでしまう気持ちがわかるような気がした。

しばらく横になり、今日一日何をしようかと考えると、久しぶりに自分のアパートに戻ることにした。下着の替えや冬用の服を取りに行きたかったのに加え、街の賑わいが恋しかった。

アパートに帰ると、留守番電話に録音された数多くのメッセージが、時が経ったことを実感させたのと同時に、ここには僕の居場所、そして僕を必要としてくれる人がいることをあらためて教えてくれた。ここにいる限り、僕は「僕」であることを保証してもらえ、何者でもない「僕」など存在しない。

ところが、僕は次第に居心地の悪さを覚えた。

狭い三畳間での飯場生活が続いたせいか、今まで狭いと思って住んでいた六畳間のアパートが異様に広く感じられた。二十五インチの大きいテレビ、積み上げられた数百枚のCD、並べられた数百本のビデオテープ、本棚に並べられた数える気にもならない漫画や本、やたらと多い服、それらがまるで他人の物のように思える。

この部屋には落ち着けない「何か」があった。いや、「何か」がなかった。それは飯場に置き忘れてきた「何か」であった。いや、まだ飯場で見つけることのできない「何か」であった。僕は旅に出たものの、目的地に着かないまま帰ってきてしまったような、そんな気がした。

それに気づいてしまった僕は、部屋から出るしかなかった。「何か」という忘れ物を探しに、飯場へ戻らなければならなかった。僕はいつになったら「何か」を見つけることができるのか。僕はトレーナーなどの衣類をバッグに詰め込むと、住み慣れたはずの部屋を後にした。

飯場に帰りがてら、久しぶりに旨いものでも食べようと、横浜の繁華街まで出かけた。街はいつものように賑わいを見せていた。でも、地下鉄での仕事が続いていた僕にとって、繁華街の賑やかさは何だか落ち着かない。さっさと食事を済ませると、飯場に戻ろうと駅に向かった。

ある交差点で信号が変わるのを待っていると、枯れ葉が渦を巻いて泳ぐのが目に入り、薄ら寒さを感じた。冬は、もうすぐそこまで来ていた。

すると、隣に汚れた格好をした年輩の男が立ち止まった。男は両手に大きな荷物を持ち、汚れた毛糸の帽子から脂でべたついた髪の毛がはみ出している。どこを見ているのかわからないどんよりと濁った目は、すっかり生気を失っている。そして信号の向かいにも、同じような男が立っている。

どうして今まで気がつかなかった、いや、思い出さなかったのか。ここから数分歩いた場所には横浜のドヤ街である寿町があったのだ。

僕は昨年、聞き取りやボランティアのため、毎週のように寿町へと足を運んでいた。でも山谷に出かけて以来、僕は一度も寿町を訪れたことがなかった。それは、上っ面だけ見て、いつになっても深く入り込むことができずに何かをした気分になって帰ってくるような、そんなことを繰り返さないために、寿町に足を踏み入れることを避けてきたのだ。

ところが今、飯場生活を続けて飯場とドヤ街との違いを考えさせられることになった僕は、寿町をもう一度この目で見てみたくなった。労働者として働く僕ならば、以前の僕とは違った見方ができるのではないか。そして、何か大きな発見があるのではないかと期待し、寿町の中を歩いた。

だが、寿町は僕を拒絶した。

昼間から路上で酒を酌み交わす男たち、路上での賭博、小便臭い道、そんな見慣れたはずの寿町の光景に違和感を覚える。労働者の街は僕にとって、労働者の街として映らなかった。いや、飯場労働者とドヤ街の労働者とは明らかに違うものだった。もっとも、現在の寿町は労働者の街というだけでなく、福祉の街としての意味合いが強くなったのは事実であるが。

今ごろ、飯場の男たちは地下でスコップを振り回している。昼間から酒を飲んでたむろする男たちや、路上に座り込んでいる男を見ると、飯場の男たちがドヤ街の男たちを決して同類とは考えていないばかりか、侮蔑してしまう理由がわかる。

ある人はこのドヤ街を隔離された街だという。でも、本当にそうなのだろうか。地理的に隔離されていることは事実かもしれないが、隔離されたわりには、ここはあまりにも自由すぎる。いや、隔離されたからこそ彼らはドヤ街という幻想を共有して社会から距離を置いて自由でいられるのだ。

飯場の生活にこのような自由はない。飯場は地理的に隔離されていないが、飯場と現場の往復で一日が終わってしまい、毎日街の中を通っていても、それらを手にとって触ることもできない。それればかりか自由に仕事を休むことすらできない。

飯場の人間は勤勉であり続けるために自由を捨てなければならなかった。はたして、ドヤ街の男たちは勤勉であることを捨てることによって自由を手に入れることができたのだろうか。酒とギャンブル以外に彼らの生き甲斐はあるのだろうか。そして社会や組織から縛られずに自由に生きるということは、そんなに楽しいものなのだろうか。充実した人生なのだろうか。

他人から縛られない生活が自由だという考え方もわかるけれど、それだけが自由な生き方というわけではないと思う。そんな単純な自由には、何かが足りないような気がする。それが何かと訊かれても、今の僕にはわからないけれども。

資格の落とし穴

ここ数日、僕は昼勤に戻って働いていた。僕は味噌っかすとしてではなく、一人の労働者として扱われていた。周りのメンバーと同等に仕事がこなせたわけではなかったけれど、同等に扱われていることに満足していた。その期待に応えるためにも、僕は必死になって働いた。

汗を流して働き、大飯を食らい、倒れるように眠りに落ちる。それが僕にとっての日常になっていた。三度の飯、熱い風呂、冷たいビール、それさえあれば満足だった。今まで精神的な充足感ばかり求めていた僕が、いつの間にか肉体的な満足感を求めるようになっていた。大学院生としての僕からどんどん離れ、ただひたすら働いて生きることが、何とも言えないほどに気持ちよかった。僕は変わりつつあった。

そんなある日、事件が起きた。現場に着くなり朝勤の親方に呼ばれて、予想もしていなかったことを言われたのだ。

「今日はお帰りだ」

僕は何のことだかさっぱりわからなかった。そして親方は続けた。

「昼勤と夜勤は月曜から仕事を打ち切られるぞ。明日、明後日は仕事があるらしいけどな。今日は仕事ないから、とりあえずお帰りだ」

突如として、僕らは来週から仕事を打ち切られることになった。そのことを告げられた昼勤のメンバーの表情は、一瞬にして険しいものとなった。男たちは無言で帰り支度を始め、現場を後にした。

地上に上がると、一人の男がぎこちない笑みを浮かべながら言う。

「来週から職探しだな」

すぐに新しい職場を考えるところが、いかにも飯場労働者らしい。しばらく沈黙が続いたが、車に乗ると徐々に口を開き、ついには日ごろの不満をこぼし始めた。

「不安定なところだとは思ってたけど、まさか来週からいきなり仕事が切られるとはね」

「多分、夜勤の奴らのせいだよ。夜勤の奴らが失敗したのを朝勤の奴らが手直しさせられてたじゃねーか」

「そうそう、要は二度手間になっちまうんだよ。いくら俺らが一万しかもらってなくたって、雇う方にしてみりゃひとり頭二万も出すんだから、十人雇えば二十万だろ。そんで失敗されたんじゃたまんねーだろ」

「いや、あれは夜勤が悪いわけでもねーよ。あんな仕事なんてそう失敗するもんじゃねーしよ。ありゃ監督がいけねーんだよ、親方じゃなくて監督が悪いんだ」

「それは甘いね。ほんとお前は人がよすぎるよ、まるで神様みてーだ。まあ、それがいいとこなんだけどよ」

「でも、やっぱり悪いときにはきっちりと悪いと言わなきゃいけねーよ。今回だってその失敗が積み重なってこうなったようなもんだから。一度や二度じゃねーもの。やるたびにやり直しじゃ、仕事切られるのも当然だ」

男たちが言うように、夜勤の作業がやり直しをさせられていたのは事実だった。でも、一生懸命働いていたのも事実だ。そして、仕事に精通している人があまりにも少なかったのも事実だった。

飯場の労働者は仕事ができることや勤勉であることを自己の価値基準とする人が多いので、自分自身の力量を過信して、上手くできない仕事までも背伸びをしてしまうことがある。職人になれずに未熟練の土木作業員にしかなれなかった人が大半なのだから、やり直しが多いのも頷けた。

景気の影響で仕事が減ってきたせいもあり、元職人も未熟練の土工として働いていた。だが、飯場には古くから住んでいる人を中心とした派閥のようなものがあり、いくら仕事の腕がよくても新参者ではなかなか口を挟むことができない。事実、新しく入った元職人は、派閥とは無関係な僕に「あんなやり方じゃ駄目だよ、やり直しだよ」と漏らしていた。

また、決定的な理由として資格の落とし穴があった。以前の建築現場は仕事さえできれば資格がなくても関係なかったが、最近では飯場によっては資格がないとなかなか雇ってもらえない。僕も実際に新聞広告の求人に電話したときに嫌というほど実感させられた。

だが、資格というのは時間とお金をかければ取れるものなので、資格を持っているからといって仕事ができるとは限らない。事務所が、仕事ができる人ではなく、資格を持つ人に仕事を任せてしまったことが、このような失敗を招いた原因の一つでもあった。

大学を卒業したからといって頭がいいとは限らないのと同じように、建築現場の世界でも資格があるからといって仕事ができるとは限らない。技術という可視化しにくいものを無理に可視化させたため、思わぬところで支障が生じたようだ。とはいっても、実際の労働現場ではそんなことはわかりきっていることなので、資格よりも腕が立って信頼の置ける労働者が重宝されている。

まあ、原因はいくらでも考えられるけれど、いくら考えてみたところで僕たちには来週から仕事がないことに変わりなかった。

ささやかな反抗

「今日で最後だから十一時に帰ろうぜ。そのくらいいいだろ」

「そうだ、十一時に帰ろう」

「今日ぐらい早く引けてもいいだろう」

「どうせ明日から切られちまうんだから、タラタラやって十一時に帰ればいいさ」

「俺はもう、次に行く会社決まりそうだからよー。この会社ともおさらばだから、もうどうなっても関係ねー」

地下鉄工事現場の最終日のことだ。現場に向かう途中、男たちは何かの呪文《じゅもん》のように「十一時に帰ろう」と唱え、ささやかな反抗を計画した。

ところが現場に着くと、男たちは車の中での話は忘れてしまったかのように、いつもと変わらぬ勤勉さで働きだした。そして十一時に引き上げる予定などコロッと忘れてしまい、午前零時五分まできっちり働いた。ささやかな反抗計画は実行されることなく終わった。

普段から事務所や元請け会社への文句ばかり言っている彼らは、監視されているわけでもないのに、呆れるほどよく働いた。仕事をこなせることを誇りとして生きる限り、いくら事務所や元請け会社に反発しようとも、結局は上の人間を潤わせる結果となってしまう。僕はそんな彼らを見ていると、もどかしさを覚えた。

作業を終え、現場を後にして車に乗り込むと、様々な言葉が飛び交った。

「明日からしばらく待機かな」

「早いとこ新しい会社を探さなくちゃ」

「でも、うちの社長もさすがにまずいと思ってるらしくて、何とか仕事探すって言ってるみたいだぜ」

「何とかするっていっても、そう簡単に仕事を見つけてこれんのかねー。だって社長の本業は不動産と金融だぜ、だから建築業界にはうといんだよ。営業だって特にしてなくて、電話がかかってくんのを待ってるだけだぜ。そんなんだから期待できるわけねーよ。俺らを引き留めようと思って言ってるだけだよ、俺らがいなくなったら寮費が入らなくなっちまうかんな」

「今でさえ待機が二十数人いんだろ。そんでもって明日から十数人増えっから、社長もさすがにまずいと思って動くんじゃねーのかな。だから俺はもうちょい様子見るよ」

「いや、俺は前借りの金をもらったらおさらばするね。それまでに次に行くとこ探すよ」

「でも、今の時期なんてどこも同じなんじゃねーか。下手《へた》に動くと正月迎えられなくなっちまうぞ」

　すると、運転していたタイの男が言った。

「あー、俺はそのころはタイに行ってっから関係ねーよ。あと二十日くらい何とかなりゃいいんだよ。二十日くらい何とかなると思ってたんだけどよー。目前になってこれだもんな、ほんと頭にくる会社だぜ」

　僕は、男がタイに行くまでの間、次に働く飯場が決まっていることを知っていた。僕はこのタイの男にあることを言われていたのだ。それはちょうど二人で作業していたときのことだった。

「努、俺についてくるか？」

　僕は何のことだか見当がつかなかった。

「実は、声がかかってるとこ（飯場）があんだけど来るか？　どうせここにいたって当分仕事はねえぞ。どうせ行くとこなんかねえんだろ、俺についてこいよ」

　突然の誘いに戸惑った。実のところ、僕は仕事が切られたところで特に困るわけではなかったし、たまに仕事をやりながら待機の男たちと酒を飲む生活も悪くないと思っていたので、ここの飯場を出るつもりはなかった。

　しかし彼の言っていることは正論なので、さすがに、待機しながら酒でも飲んでいますとは言えなかった。

　返事に困って黙っていると、タイの男は「だって、ここにいたって仕事はねえんだぞ」と不思議そうな顔をした。

　僕は咄嗟に「しばらく様子見て駄目だったら、実家に帰ろうと思ってる」と嘘をついた。タイの男は続けた。

「どうせ今までもそんなこと繰り返してきたんだろ。今は若いからそれでも何とかなるかもしらんよ。でも、歳とったら、奴らみてえにいつになっても飯場生活から抜けらんなくなるぞ。俺はおまえのためを思って言ってんだから」

　僕は返す言葉もなく、胸を締めつけられる思いがした。すると親方の声が聞こえた。

「おーい、塚田君、ちょっとこっち来て手伝ってくれー」

　僕には、その親方の声がまるで救いの声のように感じられた。

「親方が呼んでるんで、向こうに行ってきます」

「まあ、好きにしろや」

　タイの男はそう漏らすと、何もなかったかのように作業を再開した。投光器に照らされてスコップを振る男の姿は、何だか悲しそうであった。

人生の目標について

　地下鉄の仕事が打ち切られてから数日が経った。僕は仕事を切られてから一日の待機を挟むと、他の現場に回された。

　現場は自衛隊の資材置き場の引っ越しであった。仕事はいたって簡単で、地下鉄の仕事に比べれば遊んでいるようなものだった。

　作業は元請け会社の職人の指示に従って行われた。職人の男が図面どおりに寸法を測り、溶接などの技術が必要な作業をする。僕らはただ巨大な棚を運ばされただけだ。職人の注意といえば、仕事内容とは関係のないことだった。

「ゆっくりやれ、ゆっくり。仕事は明日までなんだから、これじゃ今日中に終わっちまうじゃねーか。今日中に終わっちまったら明日の仕事がなくなって、おまえらおまんま食い上げだぞ」

　これに対して飯場の男たちの反応は様々だった。

「こんなタラタラやってられっかよ、時間が長くてしょうがねー。早くやってとっとと帰りてーや」

「俺はこういう仕事が一番苦手だよ」

「明日まで延ばして金もらった方がいいよ。遊んでて金もらえんだから、地下鉄と比べたら天国みてーなもんじゃねーか」

「でも、やっぱ苦手だね。体動かしてねーと働いた気がしねえ」

さっさと済ませて帰りたいという男の意見ももっともだが、早く終わらせたところで、収入が減らされるのでは仕方がない。僕たちは日雇い労働者なので、成し遂げた仕事に対して給料が支払われるのではなく、労働日数で給料が支払われるのだから、わざわざ日数を減らすこともないのだ。

元請け会社の職人はこのような賢さを身につけていた。そしてその思惑どおりに、男たちは明日の仕事を残して作業を終わらせることに成功した。

寮に帰って食堂で夕食を食べていると、タイの男が寝間着姿で入ってきた。

僕が自衛隊の倉庫で働いている間、タイの男と親方は待機のままだった。僕は今まで現場でバリバリと働く彼らの姿を見てきたので、待機組のように寝間着のまま飯場をうろついている彼らの姿を見るのは耐えがたかった。仕事のできない僕だけが仕事をもらって、彼らが待機していることに罪悪感を覚える。タイの男は僕がいるのに気づくと近寄ってきた。

「努、帰ってきたか。話があるから後で俺の部屋に来いよ」

一体、話とは何のことだろうか。いろいろ考えてしまうと食事が喉を通らなくなった。

食事を済ませたものの、すぐに男の部屋に行く気にはなれず、ひとまず風呂場へ向かった。

湯船に浸かりながら、しばらく考え込んだ。タイの男は何を話そうとしているのか。やはり、男が次に行くことになっている飯場についてこいと言うのだろうか。だが、考えても考えても、結局はどのような嘘をつこうかとしか考えていない自分に気づき、馬鹿らしくなって考えるのをやめた。どうにかなるだろう。もしならなくても命までは取られまい。そう考えるとタイの男の部屋に向かう決心がついた。

男の部屋はプレハブの一階にある。ドアにはあらかじめつけられた鍵の他に、もう一つの鍵が取りつけてあった。意外に用心深い人なのだと、初めて知った。

コンコンと、小さくノックしたが、部屋の中からの反応はなかった。もう一度ノックしようかと思ったが、小さな声で名前を言った。すると、中からゴソゴソと音が聞こえ、ドアがゆっくりと少しだけ開けられた。

「おう、来たか。まあ中に入れや」

部屋の中は布団が敷かれたままで、その周りにはゴミの入ったコンビニエンスストアの袋・スナック菓子・ジュースの空き缶や紙パック・スポーツ新聞などが、足の踏み場もないほどに散らかっていた。壁には大量の洗濯物が干されている。これが五十歳にもなる男の部屋だと思うと哀れに思えた。

僕が腰を下ろすと同時に、タイの男が言った。

「努、車の免許取れや」

てっきり、俺についてこいと言われると思っていたので、拍子抜けした。

「俺はもう、明日でここを出ていくからよ」

男はそう続けると、明日の日付が書き込まれた退職届を見せた。僕は、何と答えてよいかわからず、沈黙の中、軽く唇を噛み締めた。タイの男はそのまま話を続けた。

こんなところ（飯場）にいたって無駄なことはよくわかっただろ。努は早く実家に帰って、両親に頭下げて車の免許を取れ。このままこんなところにいたら終わりだぞ。同じ苦労するなら他のところで苦労した方がいい。車に乗る乗らないは別にして、免許があれば仕事を選ぶ幅も広がるから。こんなもん財布に入れてりゃ、邪魔になるもんじゃねえし、持ってて損はしねえよ。今は三十万くらいかかるらしいけど、若いうちに取っておけって。

でも、俺ぐらいだろ、こんなこと言うの。他の奴らなんててめーのことだけで精一杯だからよー。俺はここの奴らと違って、来月には向こう（タイ）だからよ。

ここ（飯場）にいる連中なんてこれ（女）もいやしねーで、仕事から帰ってきちゃ酒飲んで、休みにゃ競馬やパチンコに行っちまうだろ。毎日毎日同じ生活の繰り返しじゃねえか。何も残りゃしねーし、変わりもしねえ。気づいたら五十（歳）になってんだよ。

何でだかわかるか？　目標がねえんだよ。目標がねえとああなっちまうんだよ。努も何か目標を作りなさい。三十過ぎたらあっという間だよ。

まず、努は来年になったら実家に帰って免許を取ること。バイトでも何でもしてさ、免許取ったら仕事だっていろいろあるしよ、頑張りゃ月三十万くらい稼げるよ。そんで、車でも欲しくなったら、それを目標にして働きゃいいじゃねえか。金が貯まったら家を出てアパート借りてもいいし、そしたら今度はテレビや家具やら欲しくなんだろ。目標なんてきりなく出てくるよ。そのためにも、まず、免許取れよ。

男は、その後もタイの話や家族の話をしたが、結局は実家に帰って免許を取れという話に戻った。そして枕元に置いてあったジュースの紙パックを持ち上げた。紙パックはズシリと重たげで、何か重い物が入っているようだった。男が紙パックの口を開けると、その中はびっしりと百円玉で埋めつくされていた。紙パックは四つあり、すべて百円玉で埋まっているという。そしてタイの男は「俺は金があるからよー、ここにいる奴らとは違うんだぜ」とニヤけて言った。

紙パックのお金が一体いくらになるのかわからないけれど、おそらくこのお金でタイまでの航空券を買うつもりなのだろう。男が部屋の鍵を二重にしていた理由がわかった。

そしていつの間にかこんなことを話しているうちに、二時間が経過していた。男は時計をチラッと見た。

「おまえの人生だから、俺がとやかく言う問題じゃねえけど、今ならまだやり直しがきく歳だからな。まあ明日仕事だろ、ゆっくり寝ろや」

そして僕が立ち上がろうとすると同時に、「辞めるなら早い方がいいぞ」と、一枚の白い紙を手渡した。

未記入の退職届であった。

部屋に戻ると、いつになく静粛に感じられた。

男は言った。目標を作れ、それが手に入ったら新たな目標ができると。そして、目標とは「金」であり、所有する「モノ」だった。

僕が大学を卒業してすぐに就職しなかったのにはいくつかの理由があった。

世の中はお金がすべてで、どのような車・どのような服・どのような家を所有するかによって人の価値が測られ、より高価な「モノ」を所有するために走り続けなければならないというレールに乗ることが嫌だった（怖かった？）のが、その理由の一つだった。また、そのことに人生の価値を見いだすこともできなかった。

もし、いつの日かレールに乗ることになっても、あらかじめ目の前に用意されていたレールではなく、自分で探し出したレールに乗りたかった。決してそれが王道と呼ばれる道でなかったとしてもだ。

でも今僕のいる場所は、以前に拒否したレールの最後尾だった。男たちは、走るのをやめたら落ちてしまうので、必死になって走り続ける。そしてレールの最後尾はあまりにも坂がきついので、男たちはすぐに落ちそうになる。坂が急すぎて向こう側に何があるのかすら見えない。次第に何のために走っているのかさえわからなくなり、ただ落ちないために走り続ける。下に落ちるな、落ちたらやばいぞ、と。

僕はこのまま飯場生活を続けることの意味が上手く見いだせなくなった。そして、探していたものがここにないことにも気がついた。

僕が白い退職届を見つめながら考え込んでいるのをよそに、天井では、切れかかった蛍光灯が、ジジッ、ジジジジジッと、虫のような音を立てて鳴いていた。

飯場漂流Ⅱ

〜冬山編〜

だから山谷はやめられねえ

再び飯場へ

冬の冷たい空気の中、僕は山谷の日ノ出ハウスの前に立っていた。作業用ジャンパーにヨレヨレの作業ズボン。地下足袋や安全帯などの建築仕事の必需品が入ったスポーツバッグが、ずしりと肩にめり込む。

初めて日ノ出ハウスを訪れたときには、ドキドキして自分がとんでもない冒険をしているかのように感じたが、今回は特に何も感じない。今の僕にとって、もはや日ノ出ハウスは、「入りづらい場所」「怖い場所」というものではなくなっていた。僕は、自分自身が予期していなかった方向へと変化しているようだ。

僕はこの山谷で、自分が人生を歩む上での大切なものを見つけることができるかもしれないと思っていたけれど、もしかするとただ単に、一人の山谷労働者になってしまいつつあるのかもしれない。まるでミイラ取りがミイラになってしまうかのように。

ところで、今回山谷を訪れたのは、山谷労働センターの求人から飯場に入って働こうと考えたからだ。前回の千葉の飯場は新聞広告での求人だったので、ドヤ街の住人ではなく、飯場を渡り歩いて生活している人が多かった。以前に山谷で知った飯場のイメージとは少しニュアンスが違う気がした。そんなわけで、山谷労働センターで求人をしている飯場へ行って、山谷の住人と一緒に飯場生活を送ろうと思ったのだ。そうすることによって、山谷の中からでは見えない山谷の住人の生活を体感できると思えた。

そして山谷労働センターで仕事を手に入れると、さっそく飯場へと向かった。

荷物を抱えて駅に向かう途中、すれ違った知らない男から声をかけられた。

「おー、仕事もらえたんだ、行ってらっしゃい」

「稼いできますよ」

僕は手を振って、山谷をあとにした。

飯場は神奈川県にあった。小田急線の螢田《ほたるだ》駅で下車し、労働センターの職員に手渡された地図を頼りに飯場を探した。

少し道に迷いながらも、何とか辿り着いたのだが、その外観からはたしてここが飯場かどうか確信が持てなかった。そこは僕の想像していたような飯場ではなく、普通の一軒家だったのだ。しかも、看板どころか表札すら出ていない。

インターフォンを鳴らして山谷から飯場に働きに来たことを告げると、やはりここは飯場だったらしく、家の中に通された。

出迎えてくれたのは、ここの飯場で夕食を作っている田村さんというおばさんだ。

田村さんは「みんなまだ帰ってこないから、先にご飯食べなさいよ」と言うと、夕食を出してくれた。社長に挨拶もしないうちに夕食を食べるのには気が引けたが、田村さんがかまわないと言うのでいただくことにした。

台所では田村さんが連れてきた小さい犬が始終飛び跳ねていた。田村さんはその犬をかまいながら夕食の準備をしている。衛生上、見ていて気持ちのよいものではない。

しばらくすると、玄関の方からガタガタと音がした。現場から男たちが戻ってきたようだ。男たちは二階の部屋に上がったあと、しばらくすると台所に下りてきた。

僕が挨拶をすると、男たちは「よろしく」とか「ああ」と、あまり関心がなさそうに応えた。

「塚田さんの部屋はどこになるのかしら？」と田村さんが訊くと、缶チュウハイを飲んでいた長髪の男が、「小島さんのとこしか空いていないでしょ」と答えた。

この長髪の男は林さんといい、僕を除いた中で最も若い。若いといっても四十歳なのだけれど、一メートル八〇センチ以上のスマートな体型と無造作に伸ばされた長髪とが、林さんを年齢以上に若く見せていた。また、いつもジーパンをはいているので、その風貌から七〇年代のフォークシンガーを連想させた。林さんは僕と同じように、山谷労働センターの紹介でここの飯場に来ているが、あまりドヤ街では見かけないタイプなので興味を抱いた。

「社長は用事があって帰りが遅くなっからよー。先に部屋に行ってな。隣の部屋だから連れてってやるよ」

色黒でガッチリとした体つきの男が言った。

この男は中森さんという。中森さんはセンターからの紹介で来た労働者ではなく、とび職人として社長から直に雇われている。山谷からセンターの紹介で来た労働者が十五日とか三十日の契約なのに対し、中森さんは飯場での仕事がある限り働くことができる。とはいっても建築業界は季節によって浮き沈みがあるので、仕事がないときには山谷で生活することもあるという。

僕は洗濯されたシーツと枕カバーを田村さんから受け取ると、中森さんに部屋まで案内された。

僕の部屋は、食事をした家の隣に建つ普通の民家の一室だった。

「一緒の部屋の人は小島さんっていうんだけど、いろいろあると思うけど何とかやってくれよ。あの人、喋んなくて変な人なんだけど、まあ、我慢してくれよ。こういったところはいろんな人が来るからな。ここは共同生活だから大変だと思うけどな。それから、暖房は夜は九時までで朝は五時からな。うるさくて寝れねーんだよ、それだけは頼むぜ」

中森さんはそう言うと、隣の自分の部屋へ戻っていった。

わざわざ部屋まで案内してくれたのは、どうやらそのことを言いたかったからのようだ。それにしても、同室の小島さんとは一体どんな人物なのだろうか。ちなみに、この離れの家は中森さん、小島さん、そして僕の三人が生活する。

部屋は六畳の洋間であった。部屋の奥側半分には布団が敷かれたままで、その横に汚れた作業着が脱ぎ捨てられている。顔の高さに張られたビニール製のロープには洗濯物が干され、開けっ放しの押入れの中には小島さんの所有物と思われるスポーツバッグ・カップラーメン・飲みかけのペットボトルのコーラ・スナック菓子・食べかけのフルーツ缶詰・割り箸の刺さったままの食べかけのコンビーフ・開かれたままのエロ本などが散乱していた。

覗いてはいけないものを覗いてしまったような、そんな罪悪感を覚えた。

数分すると、小島さんが戻ってきた。小柄で痩せていて、肉体労働者とは思えない貧弱な体つきだ。小島さんは、僕が挨拶しても軽く会釈しただけで、荷物を持って外に出ていった。

荷物の整理を終えると、社長のところへ挨拶をしに行った。

社長は浴衣姿でこたつにあたりながらテレビを見ていた。山谷に求人を出している飯場の社長というと半分ちんぴらのような人を想像していたが、ここの社長は人のよさそうな、田舎のおじいさんのような印象を受けた。

僕は、まさか茶の間で社長と挨拶を交わすとは夢にも思っていなかったので、少し気恥ずかしさを覚えた。

「あれは持ってきたかな」と、社長は手で封筒ぐらいの大きさを示した。

おそらく紹介状のことだろうと思い、上着のポケットから取り出して渡すと、社長は紹介状に目を通しながら、「センターの仕事は初めてか？」と訊いた。

「はい」

「こーゆー仕事ってやったことあるか？」

「地下鉄で、えー、一ヵ月くらいやってました。あとは日雇いを何回かだけです」

僕は自信なさげに答えた。下手に自信満々に経験があると言って期待させても悪いと思ったからだ。

「でも、それだけ若けりゃ他にいくらでも仕事はあるだろうに、また何で……」と社長は言いかけると、僕が困った顔をしているのに気づいたのか、途中で話題を変えた。

「まあ、うちの仕事はそんなにきつかったり汚れたりしないから心配することはねーさや。でもかなり寒いぞー、山の奥だかんな。あと急な場所で作業すっからそれだけは気をつけてけろ、あと足場も悪りぃかんな。なーに、心配するこたぁねーよ」

社長は山谷の男たちがわけありの理由を抱えていることも十分に心得ているようで、個人のプライバシーには深入りしない。朝六時二十分に朝食を食べることと、用意する物を確認すると、僕は部屋に戻った。

部屋では小島さんがテレビを見ていた。

社長に挨拶してきたと言うと、僕とは目を合わせようともせずに「ここの社長は、だから、まったく、しょうがねー」と呟いた。中森さんが言うように、この小島さんと一緒の生活は我慢が必要なのかもしれない。会話が途切れてしまうと何だか話しかけづらく、僕は小説を広げた。

だが、まだ数ページしか読んでいないのに、小島さんは「もう遅いから消すぞ」と言うと、電気を消してしまった。まだ九時半なのにだ。

山の仕事

午前五時。ゴソゴソという音によって起こされた。いや、懐中電灯の光によって起こされたのかもしれない。

同室の小島さんが懐中電灯を照らしながら何か探しているようだった。彼なりに気を遣っていることはわかったが、僕は環境が変わったばかりで昨夜はなかなか寝つけなかったので、本当はもう少し寝ていたかった。

午前六時十分。社長が寝泊まりする隣の寮へ朝食を食べに向かった。台所に入ると他のメンバーはまだ来てなく、社長が一人で台所に立ってジュウジュウと音を立てて目玉焼きを焼いている。献立は目玉焼き・魚肉ソーセージ・ご飯・味噌汁と、簡単なものであった。ちなみに飯場の朝食は毎日社長が手作りしている。

他の男たちも徐々に集まると、来た順でばらばらに食事を済ませる。「おはよう」とか「いただきます」の言葉すらなく、沈黙の中で黙々と食べる光景は少し異様だ。

午前六時半を過ぎたころ、マイクロバスに乗り込み、現場へと出発した。

飯場で共同生活を送って一緒に働くメンバーは、社長、隣の部屋の職人気質が強い中森さん、長身で長髪の林さん、同室の変わり者の小島さん、高齢の柏木さん、温厚な川田さん、そして僕の計七人になる。

マイクロバスの座席は、前部・中部・後部の三つに分かれているが、この座席の場所にも暗黙のルールがある。運転手の社長が運転席に座り、助手席には誰も座らない。中部座席には中森さん、柏木さん、林さんの三人が座り、後部座席には川田さん、小島さん、僕の三人が座る。

その理由は、中部が後部より座席間隔が広くて座り心地がよいからだ。そしてこの席順は、ある力関係によって決定づけられている。それは、飯場との雇用関係が「契約」であるか、それとも「直接」であるかということが大きな基準となっている。

「契約」とは、山谷労働センターの紹介で十五日とか三十日といった日数で契約することをいう。そして「直接」とは、以前から社長と知り合いの人や、契約の仕事を何度も経験した人や、腕を見込まれた人などが仲介者を挟まずに直接電話をかけて飯場に雇ってもらう雇用スタイルのことだ。

当然ながら、この「直接」の方が、力関係が上になる。つまり力関係とは「喧嘩が強い」「歳上だ」ということではなく、「現場仕事に詳しい」「腕が立つ」「ここの飯場生活が長い」「社長と仲がいい」という理由による。

そんなわけで、直接雇用で雇われている中森さんと柏木さんの二人が前に座る。林さんの場合は山谷労働センターからの契約で来ているが、身長が高いので、広い中部座席に座っている。

また飯場生活でも、中森さんと柏木さんが個室であるのに対して、山谷から来た男たちは二人で一つの部屋を使う。

現場は飯場から一時間三十分ほど車で走った山頂付近にある。山の麓《ふもと》に着くと、そこから蛇のようにうねうねと曲がりくねった林道をノロノロと登った。

途中から工事車両専用道路に入るのだが、ここからは道が舗装されていないため、車はガタガタと揺れ動き、路面の凹凸がそのまま体に伝わってくる。僕はこの山道のせいで車酔いをしてしまい、馴れるまでの数日間は地獄の通勤時間に苦しまされた。

車に揺られながら早く着けと願っていると、八時十分前に現場へ到着した。車から降りると、とても清々しかった。それは揺れる狭い箱の中から解放されたせいだけではなく、冬の澄んだ冷たい空気のせいだけでもなかった。山頂近くから見下ろす谷間の景色が、車内で感じた不快感を吹き飛ばすほどに素晴らしかったのだ。

谷間には、緩やかなカーブを二回ほど描いた道が、まるでスキー場のコースのように延びている。その左右には広葉樹と針葉樹とが混ざり、山肌をまだらに覆っている。そしてところどころむき出しになった岩層が冬山を一層寒々とさせていた。都会では決して味わうことのできない景色を前に、大きく伸びをして息を深く吸い込んだ。

ところが、あることに気づくと、この光景に違和感を覚えた。スキーコースのように延びた道を刻むように、巨大な人工の建造物が並んでいるのだ。

それは幅およそ三十数メートル、高さ五～六メートル、厚さ二～三メートルほどの巨大なコンクリートの壁であった。壁は谷間を区切るようにして山頂から下に向かっていくつも建っている。この連凧《れんだこ》のように連なる壁は、谷間をまるで巨大な階段のように造り変えていた。

そしてこの壁こそ、今回の建設工事で僕たちが携わる砂防ダムと呼ばれる堰堤《えんてい》であった。

砂防ダム建築現場

名前のとおり、砂防ダムとは砂や土や石などが下に落ちないように堰《せ》き止めるために建てられた堰《せき》のことだ。

ちなみに、この現場はある行政からの発注工事で、いわゆる公共事業だ。

一般的に規模の大きい建設現場では、大小の建設会社がピラミッド型に並んでいる。ここの現場の場合は、工事を直に請け負う元請けの大手A建設があり、その下に下請けのB建設がある。そしてさらにその下には、孫請け会社となる僕がお世話になっている飯場がある。さらにつけ加えるなら、その飯場の下には山谷という労働者の街が存在している。

このように、大手A建設、B建設、飯場という三つの会社が縦に並んでいるが、実際の現場ではどのように機能しているかというと、大手A建設とB建設からは監督が各一名ずつ現場に来るだけで、実際に作業をする労働者は飯場の男たちだ。

元請けの大手A建設の監督は一日中現場にいるわけではなく、各工程の進行具合を確認し、報告のための写真撮影を行うと、いつの間にかいなくなってしまう。三十歳前後の若い監督で、あまり現場事情に詳しくなく、飯場の男たちの間ではあまり評判がよくない。

それに対して、その下請けのB建設の監督は六十歳くらいと高齢だ。彼は毎年この砂防ダム建設に携わっていて、現場のスペシャリストだ。そのため、現場での指示やチェックも一段と厳しく、現場にもほぼ一日中いて指示を出している。

そしてこの二人の監督の下、僕たち七人の労働者が働くのだ。

ところで実際の僕たちの作業はというと、この堰堤の型枠を作る仕事になる。

型枠になる材料には一八〇センチ×九〇センチ、厚さが一・五センチ程度のサイズの枠板（コンクリートパネル、通称コンパネ）と呼ばれる合板が使われる。そしてこの枠板には穴があけられている。

この穴は、枠板を堰堤の形に組み立てる部品を取りつけるためのものだ。

実際の作業工程は、まず、枠板を横向きに立てた状態で、堰堤を作る場所に沿って並べる。このとき板と板のつぎ目には外側にサンギという長方形の角材を当て、内側から釘を打って固定する。

次にホームタイ・セパ・ピーコンという部品を枠板の内側と外側に分かれて二人一組になって取りつける。

この取りつけ作業が終わると、今度は外側からパイプなどで枠を固定する。

そしてその作業を堰堤の両側面に施し、向かい合ったセパという鉄棒の資材同士を鉄筋でつなげて溶接することにより、コンクリートを流し込んでも壊れることのない丈夫な型枠が完成する。

できあがった型枠には、ドロドロとしたシェイク状のコンクリートを流し込む。この作業は生コン打ちといい、生コン屋と呼ばれる専門業者が行う。型枠一杯にコンクリートを流し込んで乾かすと、壁の一層ができあがる。そしてその上にまた型枠を作り、生コンを打つことによって堰堤を積み上げていく。このような作業を繰り返して砂防ダムは作られることになる。

僕らは砂防ダムに通じる坂道を下りていった。その下り坂はかなり急で、さらには土が乾燥していて表面の土がボロボロとこぼれ落ちるため、足場が悪くてかなり歩きづらい。

僕は一歩一歩踏みしめるようにして慎重に下りたものの、見事にステンと尻餅をついてしまった。でも、転んだのは僕だけではなく、前を歩く小島さんも転ばぬよう蟹《かに》のように横向きになって下りたが、よろっとバランスを崩すと、片足でテンテンッと跳ねて、そのまま転倒した。

建設中の堰堤は半分くらいまでできあがっていて、六メートルほどの高さまでコンクリートが積み上げられていた。

男たちは各自の作業場所へと散って作業に取りかかった。僕のことなど誰も気に留めてくれる様子もなく、一人取り残されてしまった。

社長に指示を仰ごうと思ったが、いつの間にかその姿は見えない。近くにいた林さんに何をしたらいいかと訊くと、「うん、じゃあ焚き火を燃やして」と言われた。こうして作業初

型枠の道具

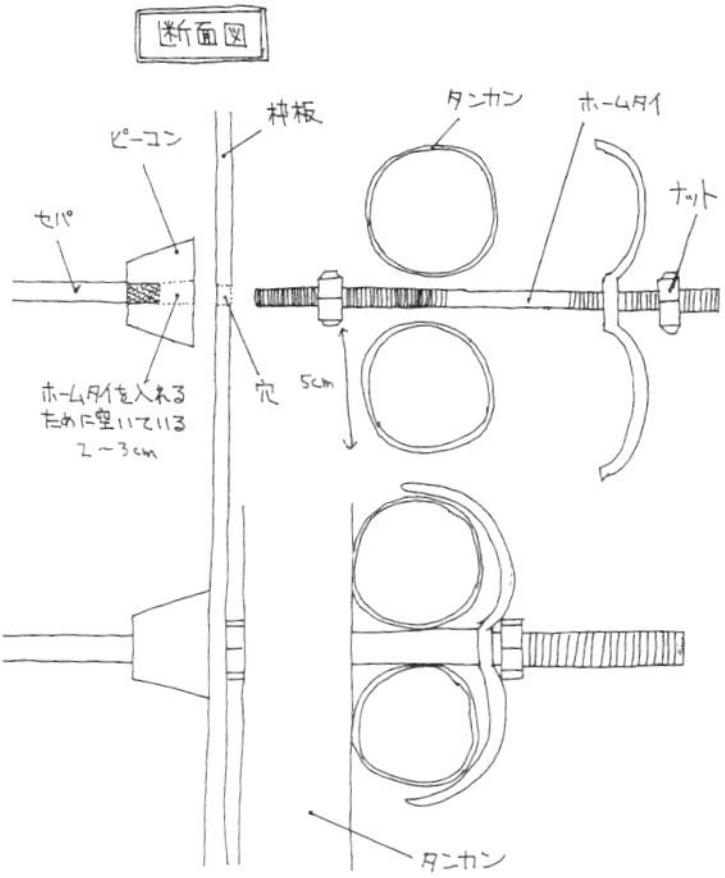
断面図
枠板
ピーコン
タンカン
ホームタイ
セパ
ナット
ホームタイを入れるために空いている
2〜3cm
穴
5cm
タンカン

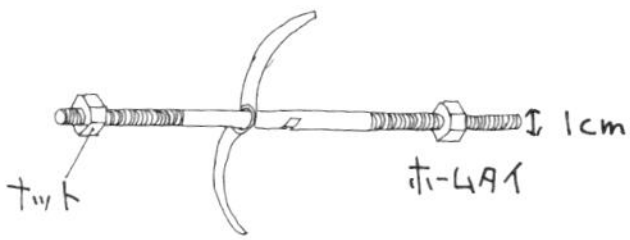
1cm
ナット
ホームタイ

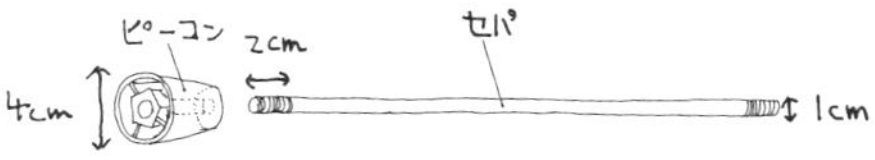
ピーコン
2cm
セパ
4cm
1cm

日の仕事は、何と焚き火から始まった。

仕事が焚き火だというと何だか馬鹿げているように聞こえるかもしれないが、冬山の現場では、この焚き火は何よりも不可欠なものだ。ここの仕事はスコップを振り回して体を動かすのではなく手先を使って組み立てる作業なので、運動量が少なく体温が上がらない。手がかじかんでは仕事がはかどらないので、焚き火で手を炙《あぶ》る。また、焚き火に直接あたらなくても、ゆらゆらと揺れ動くオレンジ色の炎が近くにあるだけで、不思議と安心感を得られる。

火をつけて薪《たきぎ》を集め終わると、ピーコンをセパのボルトにねじ込む作業を指示された。取りつけ作業は堰堤の最上段で行った。見渡しがいいので辺りを一望することができる。堰堤の上から山を見下ろすと、実際以上の高さに感じられた。

冬の太陽が低いせいか、谷間に陽が射すことはなかった。そのため、地表の色彩は乏しく、辺りはまるでモノトーンのように眼球に映し出される。だが、ゆっくりと視線を上方へ移すと、澄みきった青い空や太陽に照らされた遠くの山々が、眩しいほどに自己主張をしているのに気づく。絶妙なコントラストが美しい。

無音の張りつめた冷たい空気、凍《い》てつく山に吹き下ろす風、それらが肌を引き締める。とても心地がよかった。

だが、そんな感情も、凍るように冷えきったコンクリートの上で作業を続けていると、足の裏が猛烈に冷えて苦痛に変わる。

取りつけ作業を終えると、今度は林さんと一緒に先ほど僕が取りつけた部品とホームタイの取りつけを行った。堰堤の上にはすでに枠板が両サイドに並べられ、枠の外側には足場が組まれている。一八〇センチの高さの板に挟まれた空間は、まるで建物の廊下のようだ。

作業は、林さんが枠板の外側に組まれた足場に乗ってホームタイを差し込み、僕が内側から先ほど自分で取りつけた部品をねじ込むというものだった。この作業は一見簡単そうに思えたが、取りつけ作業は枠板を挟んで行うため、相手の姿が見えないのでコツがいる。でも慣れてくると、穴を通して気配を感じたり、声をかけ合ったりして作業がはかどった。

「おーい、飯だ」

職人の中森さんの声が山の中に響いた。作業して間もないと思っていたのに、いつの間にか昼になっていた。

昼飯は道具置き場のプレハブ小屋の前で焚き火を囲みながら廃材に座って食べる。食べ終わると、僕らは火を囲みながら雑談を交わした。

「オヤジ（社長）はダンプ取りに行ったきりまだ帰ってこねーのかよ。遅せーな、一体何や

堰堤の型枠作り

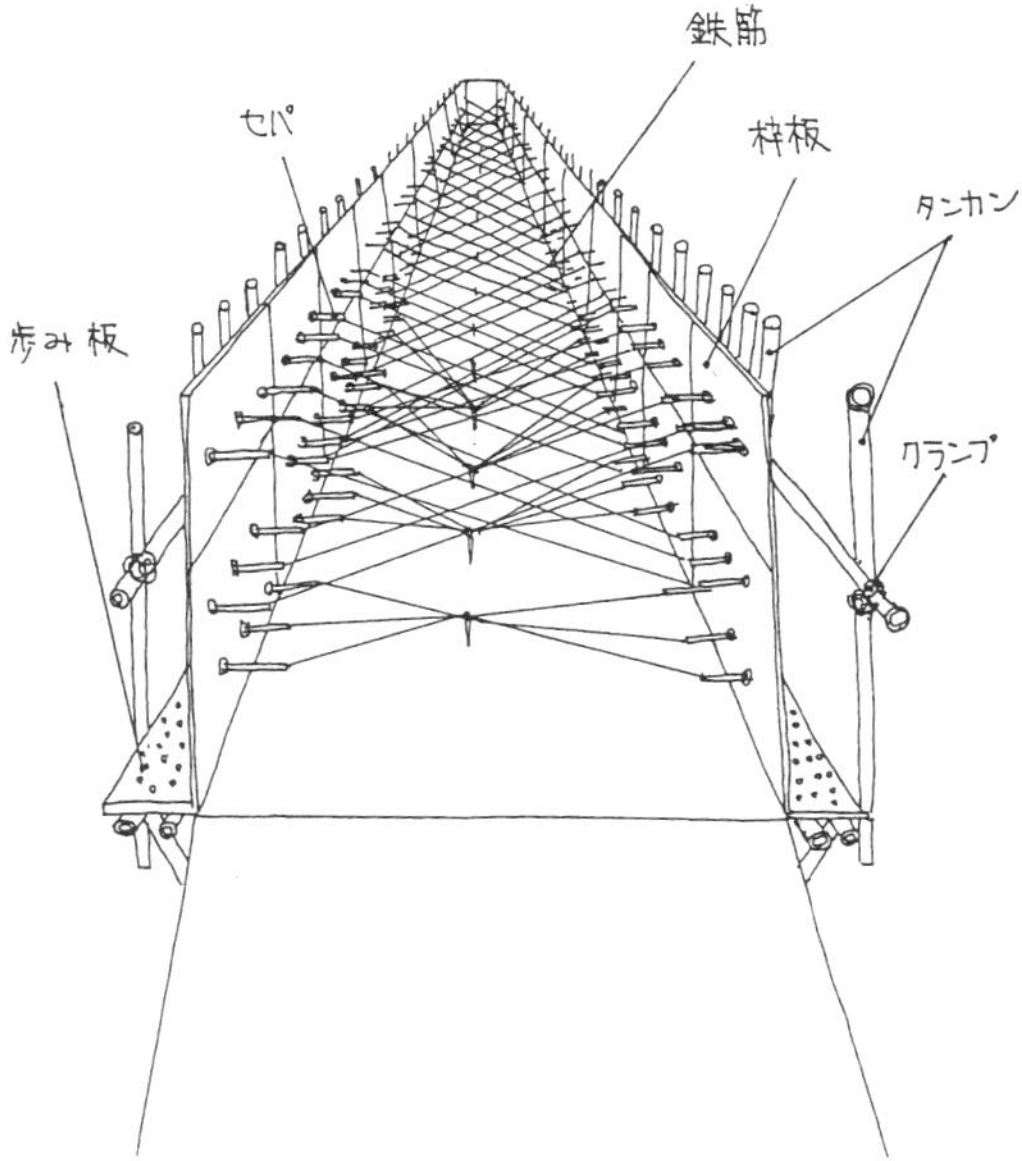

鉄筋
セパ
枠板
タンカン
歩み板
クランプ

ってんだ」

　と中森さんが苛立たしげに言った。

「朝飯のときにさ、ダンプ乗っていくからバス運転してくれって社長に頼まれたんだけどさ、俺は免許持ってんだけど、まるっきりペーパードライバーだから断ったんだよ。それにあんな山道運転できねーよ」

　川田さんが答えた。

　川田さんは五十代の男性で、山谷労働センターからの紹介で働いている。のんびりとした人で話し方もゆっくりしている。いつもキャップをかぶっているのがトレードマークだ。身長は一メートル七〇センチ強くらいで割合ガッチリしている。その風貌はいかにも働きそうに見えるが、本人が言うように不器用で動きも早くないため、それほど仕事はできない。だが、根が真面目なためしっかり働く。ちなみにメンバーの中で普通免許を持っているのは、社長とこの川田さんだけだ。

　すると柏木さんが続けた。

「でも、(免許が)あるだけいいじゃねーか、俺は持ってねーからよー。あれは身分証明に一番いいんだよ。顔写真のってんじゃねーか、だからいいんだよ。保険証なんか持ってたってカードなんか作れねーもんな」

柏木さんは六十五歳と最年長で、ここの飯場で一番長く働いている。柏木さんは中森さんと同じく直接雇われているが、職人ではなく土工として働いている。でも柏木さんは溶接の経験があるので、この現場では職人が行う鉄筋の溶接作業を行っている。職人の仕事をしているのに仕事の経験のない僕と同じ最低の賃金しかもらってないので、しょっちゅうブツクサ文句を言っている。社長とのつき合いは二十年にもなるらしいが、中森さんのように偉ぶるところは少しもなく、穏やかな人だ。

バーン！　バーン！

突然、猟銃でも撃ったような大きな音が鳴り、山にこだました。

「鉄砲の音か？」と柏木さんが音の鳴り響く方向を見た。

「下で小島さんが焚き火にスプレーか何かぶん投げたんじゃねーのか」

と中森さんが答えた。どうやら中森さんの予想どおりで、小島さんがスプレー缶を焚き火に入れて遊んでいたらしい。

小島さんは皆に変わり者扱いされるように、少し変わったところがある。現場で昼食を食べるときにも、一人で離れた場所で食べる。他のメンバーとのコミュニケーションもほとんどない。

「何だあいつは、耳が聞こえねーのか」と、中森さんが呆れた顔をした。

プロになれ！

ガタン、ガタン、ゴトン、ギーッ、ガッタン！

現場に続く坂道を社長の運転する巨大なユンボが下りてくる。いくらキャタピラーだからといっても、斜面が急なので転倒してしまうのではないかと、見ているこっちがヒヤヒヤする。ショベルの先には束になった長さ四メートルほどの鉄筋が百本ほど、ワイヤロープで吊り下げられて振り子のようにブランブランと揺れている。

社長は僕にその鉄筋を五十本ほど堰堤の上に運んでおけと命じた。鉄筋は直径一～二センチほどなので、それほど重いようには見えない。また、堰堤の上部には同じ高さの山頂側の斜面から橋が架けられていて、その橋を渡って運べばよいので比較的楽な仕事に思えた。

ところが実際にやってみると、思ったほど簡単な作業ではない。軽いと思われた鉄筋が予想以上に重いのだ。それに加えて僕が鉄筋を担いで歩くと、鉄筋はグワングワンと上下にしなって重心が安定しない。

そんな状態で手すりもない橋を渡るのだから、作業は危険だった。しかも、その橋というのが二本の丸太にパイプと歩み板をつけただけの簡易な橋だったので、一つ間違えれば転落

鉄筋運搬の様子

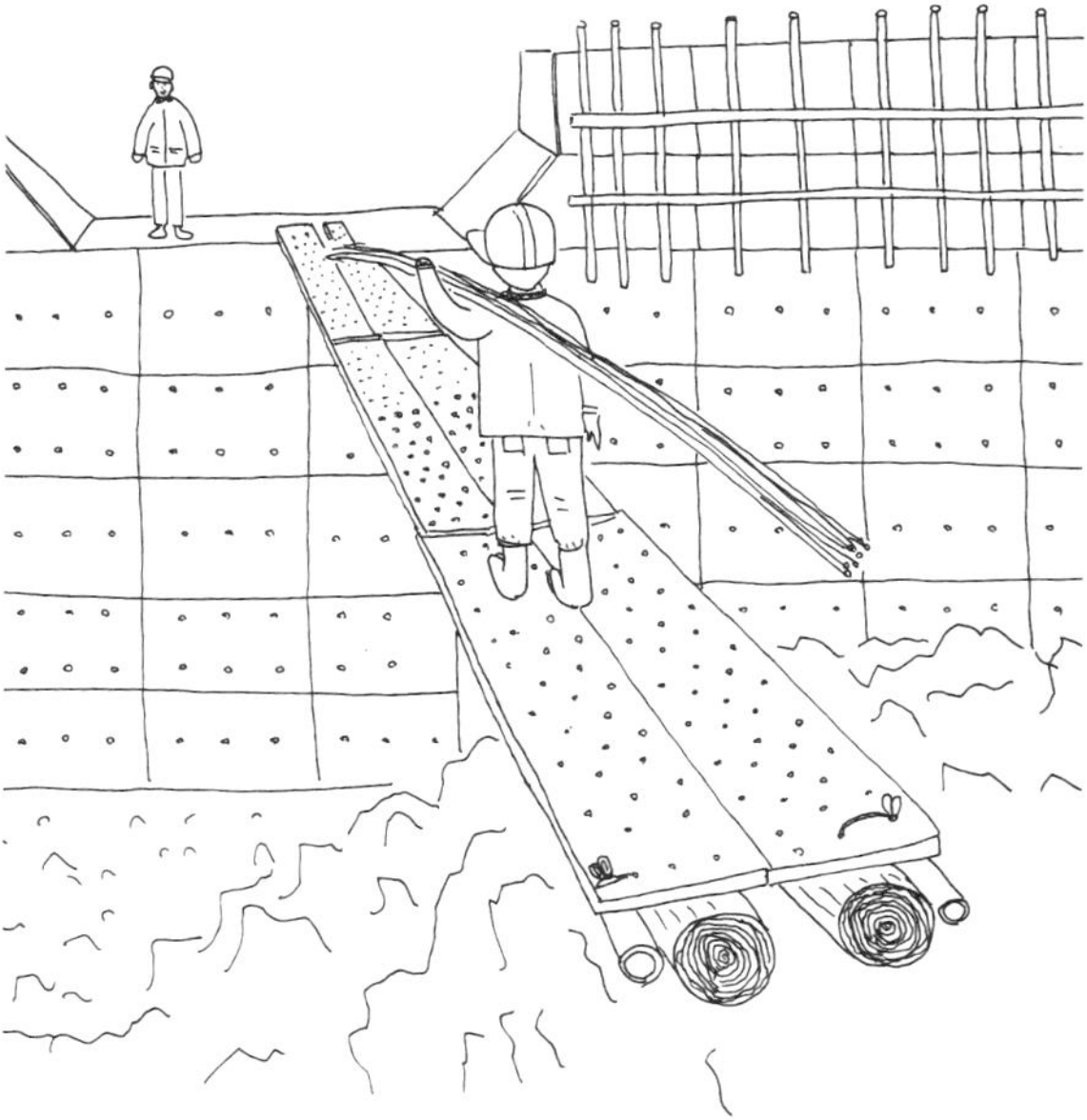

してしまう。そんな状況の中、僕は下に落ちるのだけは避けようと、慎重に作業を行った。そしてようやく作業のゴールが見えてきたと思ったとき、柏木さんから困ったことを言われた。

「おい、こんなに鉄筋持ってきたって邪魔なだけじゃねーか。誰が運べって言ったんだ」

社長に指示されたと答えると、柏木さんは「まったくあの社長は困ったもんだなー、一体なに考えてんのかわかんねー」と首を傾げた。

そして柏木さんが社長に大声で文句を言うと、社長は、「いやー柏木さん、すまんすまん。じゃあおまえ、元に戻せや」と僕に命じた。

頭にきたが、逆らうわけにもいかないので、渋々元に戻そうとした。すると柏木さんが「運んじまったものは仕方ねー、そのままでいいよ」と言ってくれた。

普通なら、社長の方が作業の決定権を持っていそうなものだが、ここでは柏木さんの主張が通ったので驚いた。

休憩時に社長と二人で焚き火にあたっていると、社長が話しかけてきた。

「おみゃー（社長は「おまえ」のことをこう発音する）の実家はどこだ？」

「群馬です」

「じゃあ、そんなに寒くねーな。水上《みなかみ》の方か？」

「いや、前橋です」

「じゃあ、なおさらあったけーな」

僕は前橋も寒いと言いたかったが、生意気だと思われるのも損なので口には出さなかった。

「社長は出身どこなんですか？」

「ワシは新潟だよ、向こうは寒いぞー」

しばらく会話が途切れたあと、社長が続けた。

「おみゃーはまだこの仕事始めたばっかみてーだけど、初めてだからわかりませんとかできませんなんて考えるんじゃねーぞ。ほら、今働いている奴らだってここの仕事が初めての奴もいるんだからよ。こっちはプロの金を出してんだから、そのつもりでやっちくれ」

もっともすぎて返す言葉もなく、一生懸命頑張りますという言葉しか出なかった。でも、気になった。社長の言葉が僕を働かない奴だと感じたために言った言葉なのか、それとも慣れない仕事だけれど一生懸命やってくれという励ましの言葉だったのか。

もし働かない奴だと思われているのなら心外だ。確かに初めての作業も多くて戸惑っていたが、僕は少なくとも怠けようとは考えていなかった。でも、雇う側からしてみればみんな一律の賃金、つまりプロの賃金を出しているわけだから、わかりません知りませんではすまないのだ。

昼休みの会話

　現場での昼休みは、労働者の生きた会話が行き交う。そこではマスコミやボランティアのインタビューなどでは知ることのできない彼らの素顔が溢れている。

「三百万くらいのまとまった金がボンッて欲しいね」と川田さんが言うと、柏木さんは「俺は稼いでもすぐに使っちゃうから駄目だな」と答えた。

「実は俺、四百万くらい持ってた時期があんだよ」

「本当？　ギャンブルでか？」

　と柏木さんが信じられないといった様子で訊き返した。

「いやー、何となく、ほんと何となく貯まったんだな。十数年勤めてた会社があってさ、そのときに」

　と、川田さんが照れくさそうに頬をゆるめた。

　柏木さんはすぐギャンブルに行ってしまうので金はまったく貯まらず、埼玉県の川口市に住んでいたときは川口オートと戸田競艇に通っていたのでギャンブルには困らなかったと言い、「俺は休みっていやーギャンブルしか思い浮かばねーよ。映画だの、山登りだのっていいう普通の人の発想が浮かばねーんだよな」と続けた。

それに応えて中森さんは、

「この前映画に行ってきたんだけどさ、あの釣りバカ何とかっていうやつ。いやー、つまんなかったよ。特に今回のは、まるで漫画だよ。人を馬鹿にするのもいい加減にしろっていう感じだったよ」

と不快感をあらわにすると、「正月映画はやっぱりフーテンの寅が一番よかったよ」と、しみじみ語った。

「正月っていやー、サウナに行こうとしたんだけど、混んでそうだからよしちまったよ」と川田さんが話題を変えると、他の男もサウナが好きなようであり、その後はサウナの話になった。

中森さんが「サウナはいいよ、体がリラックスできる」と言うと、柏木さんが続けた。

「半日千円くれーのところもあんだよな。一日でも二千円だろ、飯やら何やらで四、五千円持ってりゃ十分楽しめるんだよな。二十四時間やってっから、フーテンみたいのが泊まりに来てるよ。そう考えると、五千円しか持ってなくてパチンコ行くのなんて愚の骨頂だな、パチンコなんて三十分かそこらであっという間に終わっちまうかんな」

飯場労働者の間では、こんなどうでもよい会話が毎日のように交わされている。その中でも多いのはギャンブル談義で、普段は口数の少ない柏木さんが目を輝かせながら口火を切る。

「昨日はまいったよ。第一レースから（競輪に）行ったのに、結局一レースも取れなかったんだよな。頭にきて帰ってやけ酒飲んじまったよ。駄目なときってのは勝てないもんだよな、今日はやってやろうなんて勇んで行ったときにはだいたい負けちまう。そんで、まあどうでもいいやってときに限って当たるんだよ。不思議なもんだよな。あんまり勝てねーと、どうしても当てたくなって損を承知で十五点買いなんてすることもあっけど、それでも取りこぼしちゃうんだよな。でもギャンブルはやめられねーんだよな、俺はギャンブルをやるために働いているようなもんだからな」

柏木さんは本当にギャンブルが好きなようで、負けた話でも本当に楽しげに話す。

同じ競輪場に行っていた中森さんが続けた。

「俺は（競輪場で）二回も足踏まれちまってよー。頭にきて踏んづけたやつ追いかけていって文句を言ってやったよ。そんなことがあって、今日はついてなかったと思ったら、やっぱり外しちゃうんだよな」

すると今度は川田さんが言った。

「そうそう、競輪場なんかで足踏まれたり、タバコの火を貸したりしちゃまずいんだよな」

ギャンブルの話が続くと、興味も知識もない僕は話についていくことができず、ただ横で相づちを打って一人取り残されることになる。

会話はギャンブルの話だけでなく、山谷の生活について話すこともあった。

中森さんが飯場の食事が不味いと文句をぼやいたあと、山谷の生活を振り返って話した。

「ヤマ（山谷）の〇〇屋の鍋は旨いんだよな、でももうしばらく行ってねーよ。鍋が千円くれーで、お銚子を五、六本飲んでよー、久しぶりに旨いもんでも食いてーな」

どうやら川田さんもそこの店に通っていたことがあったらしく、「あそこは山谷の店のわりには旨かったんだよな」と続け、最近は山谷も活気がなく食堂や居酒屋の数が減ったと言った。

食べ物の話が始まると、山谷で僕が何度か行った中国人女性が働いている居酒屋の話題が出た。中森さんもよくその店に行っていたらしいのだ。

「あそこはテーブルに女の子がつくだろ。金払えばホテル連れ込んじゃっていいんだろ。飲み屋なのか売春屋なのかよくわからんよ。でもいつだったか警察に捕まったんだってな」

でもその話はどうやら中森さんの勘違いなようで、林さんが、それは不法滞在で捕まったんだと訂正した。

続けて川田さんが言った。

「朝田食堂って知ってる？　マンモス交番の向かいにあった、大きい食堂だったよな。食器がこんなコンベヤーに乗って運ばれてきてな」

　そしてそこは刑務所から出てきた人たちを従業員として低賃金で雇っていたと言って続けた。

「安い賃金っていえば、昔はタコ部屋がいっぱいあってさー、上野公園あたりで寝ていると朝にバスが来てそのまま乗っけられて、目が覚めたらタコ部屋に入っていたなんていう話もよく聞いたよな」

　そして「こうやって見張ってんだから」と言って、タコ部屋の番人が木刀を持っている姿を真似てみせた。

　すると中森さんが続けた。

「最近じゃタコ部屋も見かけねーけど、新小岩でひでー飯場に入ったことがあったな。なかなか給料払ってくれねーんだよ。満期になって出てくってのに、事務所じゃ若けーのが麻雀やってて、社長がいないから払えないとか言いやがってよ」

　今度は林さんが言った。

「金の払いが悪いのは長野の佐久にある飯場の社長が有名で、不払いの件で（山谷労働）センターに呼び出されたときには、山谷の人間に木刀やらなんやらで袋だたきにされたことがあったよな。でも払いの悪いところ（飯場）にあたっちまったら争議団だよな」

争議団とは、山谷でデモ演説などをしている活動家集団だ。そして金銭未払いのトラブルは争議団に助けを求めればほとんど解決するらしい。ただし手数料を取られるということだ。

まあこんな感じで、男たちは昼食を食べ終わった後、だらだらと会話をしている。

どんな面白い話が聞けるのかと期待していたのだけれど、ドラマチックな人生話や武勇伝はなかった。よくテレビや書籍などで涙の物語として語られがちな山谷の生活だが、その日常はやはり、ごく普通の日常でしかなかった。

危険な日常

ここの飯場の仕事は重労働ではなかったが、寒さが身にこたえた。

「今日は雪らしいよ。天気予報だと三時くらいから降りだして三センチくらい積もるって言ってたよ」

林さんが現場に向かう車の中で言った。

「今ごろ、山の上の方じゃ降ってんじゃねーか」と、中森さんが眠そうな声で答える。

冷え込みは一段と厳しく、雪になっても不思議ではなさそうだった。

だが現場に到着すると、予想は外れて雪は降っていなかった。それでも雲行きは怪しく、いつ降りだしてもおかしくなさそうだった。

この日は堰堤の上部に架かる橋の移動作業を行った。移動は橋にワイヤーを掛けてユンボで吊り上げて行う。社長がユンボを運転し、僕と小島さんで橋の端を揺れないように手で支えた。

ところが一メートルほど吊り上げると、橋はバランスを崩して天秤《てんびん》のように傾いた。一度重心を失った橋はいくら吊り上げようとしても無駄で、小島さんが支える側が地面に着いた。僕はワイヤロープを中央に掛け直して重心を取り直すのだろうと思ったが、社長は地面に着いている端を手で持ち上げろと小島さんに指示した。

小島さんは手で持ち上げようとしたが、なかなか上がらない。ワイヤロープで支えられているとはいえ、少々無理な注文のようだった。

ところが突然、社長はさらにユンボで無理矢理橋を吊り上げた。橋は再び宙に浮いたが、バランスの取れないまま高く上がった橋はシーソーのように下がり、そのまま小島さんの頭上に落下した。

ガツンという衝撃とともに、小島さんが膝をついた。

逃げる間もなく第二弾が襲う。

膝をついたままの小島さんは、反射的に両腕を頭上で交差させて防いだ。今度は体勢が低かったので衝撃は前より少なく見えたが、それでも地べたに倒された。

小島さんは、這いつくばってその場から逃げて難をのがれた。

一瞬の出来事だった。

ユンボのエンジンが切られると、山は静寂に包まれた。まるで時までが止まってしまったかのようだ。

すぐに駆けつけようとしたが、渡る橋がないのでどうすることもできない。

すると小島さんはのろりと立ち上がり、土のついた作業着をパンパンと手で払うと、片手をゆっくり上げた。

どうやら大丈夫そうだったので安心したが、怒りがこみ上げてきた。なぜあそこで社長はユンボで強引に吊ったのだろうか。しかも何の合図もなしにだ。そしてなぜ今、社長はユンボの運転席で平然と座っていることができるのか。

前回の地下鉄工事の現場では考えられないことだった。ゼネコンが管理する大きな現場では事故を一番恐れていた。事故を出した下請け会社は全員解雇されるケースもあるほどで、仕事を急ぎたい親方も、多少時間がかかっても安全第一を心がけていた。そして仕事に不慣れな僕に対しては、しつこいほどに何度も念を押した。

ところが、ここの現場はどうだろう。危険きわまりない作業を当たり前のように行う。そして社長のユンボの運転は素人の僕が見ても下手だった。地下鉄の仕事のときに、ユンボは上手い奴と下手な奴がいるから、下手な奴には気をつけろと言われたのを思い出した。そしてここの社長はその「下手な奴」であった。

もし小島さんと僕の位置が逆だったらと思うと、決して他人事とは思えない。自分に直接被害があったわけではないが、社長の行動が許せなかった。

だが、小島さんは文句一つ言おうとしなかった。僕はこのまま社長の方を向いていると怒鳴ってしまいそうだったので目をそらした。

振り向くと、灰のようなものが飛んでいた。そしてその数は次第に増えていった。ついに、雪が降り始めた。

その後、何事もなかったかのように作業は再開された。橋は何度も動かしているうちに半壊状態になってしまい、「こりゃ駄目だな、バラすしかねーな」と社長が言った。小島さんが危険にさらされた作業は無意味なものに終わってしまった。そして社長は、まったく悪びれた様子のないまま次の作業に移った。自分の判断ミス・作業ミスなどとは露《つゆ》ほども思っていないのではないか。そして橋の解体作業は僕がやらされることになった。

さすがに気が進まなかった。橋の上に雪が積もり始めていて、危険な状況だったからだ。

高さは六メートルほどなので落ちても死ぬということはなさそうだが、無傷では済みそうもない。

「これ、危ないっすよ、無理っすよ、落ちちゃうって」と逃げようとしたが、社長は「大丈夫、おみゃーが落ちないようにだけ気をつけろ」と言う。

　僕は途方に暮れたものの、どうやってこの場面を切り抜けようかと必死に考えた。晴れた日なら慎重に作業を進めれば済むことなのだろうけど、さっきの小島さんの件と雪という悪条件があったので、さすがにやる気になれなかった。

　でも、社長がやれということを断ることはできない。ここでトラブルを起こしたり、悪い印象を与えてしまったら、今後の飯場生活に支障をきたすことは間違いない。また、僕が断っても誰かがやらされるわけで、これから先も危険な作業だけを断り続けることなどできるはずがない。仕方なく、僕は言われるまま解体作業に取りかかった。

「危ないからゆっくりやりますよ」と言うと、社長は「おみゃーに早くやれって言ってもどうせ無理だろ」と小馬鹿にした口調で返した。

　それでも何とか無事に作業を終えると、次は型枠に使った枠板の掃除を命じられた。型枠用の枠板の表面は特殊な塗装をしてコンクリートを付きづらくさせているが、使用後にはコンクリートで汚れてしまう。付着したコンクリートは、一メートルくらいの棒の先端に刃がつけられたケレン棒という棒で擦《こす》り落とす。目の前には五十枚ほどの枠板が積み上げられていた。

山に降る雪は都会のそれとは違って、溶けることなくそのまま降り積もる。現場は限りなく完璧《かんぺき》に近いモノトーンへと様変わりしていた。雪は視界を遮り、まるで霧のようだ。

作業自体はケレン棒で擦るだけなので簡単だが、軍手が雪で濡れると手の感覚が薄れ、足の指先に刺すような痛みが走る。

いつまでこんな寒さの中で作業を続けなくてはならないのかと思うと、手の動きも鈍くなった。また、枠板は擦っても擦っても表面が雪で覆われてしまうので、雪が降る中での作業が意味のあるものかどうかさえ疑わしかった。

「おーい、片づけだ。雪じゃ駄目だ」

昼前に社長の声がかかり、作業が中止となった。午前中に作業が終わると労働者の日当は半分しか出ない。僕たちはそのぎりぎりまで働かされたのだ。

雪で作業が中止になって昼過ぎに寮に帰ると、僕はガチガチに冷えきった体を温めるために真っ先に風呂場へ向かった。湯船に勢いよくお湯を注ぎ込むと、白い湯気が浴室中にモワモワと立ちこめた。すると突然、中森さんが浴室のドアを開けた。

「おう、風呂に入るのはおまえだけなんだからもったいないだろ。シャワーで我慢しろ、シャワーで」

僕は何を言うのだろうと、開いた口が塞がらなかった。中森さんは風呂に浸からず小島さんは銭湯に行っているから、僕一人のために湯船に湯を入れるのはもったいないというのだ。いくら何でも目の前に風呂があるのに使うなというのには納得がいかない。しかも、雪に降られながら極寒の現場で働いたあとだ。

何かしら言い返そうと言葉を探したが、僕が反論する前に中森さんは、「わかったな！」と言い捨てて出ていった。

ここに風呂があるのだから入るのは当たり前だ。社長も現場は寒いから風呂に入ってよく温まれと何度も言っていた。それを何で中森さんは入るなと言うのだろう。

確かに僕一人のためにお湯を使うのはもったいないかもしれないが、もともと消費されるはずのお湯なのだから、一人だろうが二人だろうがそんなことは関係ない。そんなにもったいないと思うのなら、中森さんも風呂に浸かればいい。そもそも僕が身勝手にお湯を使っているのではなく、中森さんが勝手に入らず、小島さんが勝手に銭湯に行っているだけであって、僕はごく当たり前のことをしているだけだ。

結局風呂を諦めて部屋に戻ると、「おーい、小島さんいるか？」と廊下から中森さんの声が聞こえ、ノックもしないで部屋に入ってきた。そして入るや否や、睨《にら》みをきかせた。

「今、社長と話したんだけどよ、ここはこいつ（僕）しか風呂に入んねーだろ。俺はシャワーだけだし、あんたはどこか入りに行ってるしな。こいつだけが入んのはもったいねーからあんたもここで入れよ。二人入れば無駄になんねーじゃねーか。えー、そうだろ小島さんよー。飯場は集団生活なんだからよ、勝手なことしてたら他の人の迷惑になっから駄目だろ。あんたもこの仕事長いんだったらそのくらいのことはわかるだろ」

小島さんはそわそわと戸惑った様子で、中森さんから視線を外しながら謝り、これからはここで入るようにすると言った。

すると中森さんは、自分はシャワーだけなので僕たちが後に入り、僕と小島さんの当番でちゃんと風呂掃除をしろと付け加えた。

そしてエアコンの方をチラッと見ると、二台のエアコンを同時につけているとすぐにブレーカーが落ちてしまうからエアコンを我慢しろと言い、ここは集団生活なんだからな、と念を押して部屋から出ていった。

中森さんは一方的に決めたルールを投げつけ、僕と小島さんは言い返すこともできず、ただ黙っているしかなかった。

確かに中森さんはここの飯場とのつき合いも長く、また職人なので飯場でボス的に振る舞うのもわかるけれど、その理不尽さにはどうも納得がいかない。

僕は気分が悪くなったので話題を変えた。

「今日はユンボ、危なかったっすね」

小島さんが社長に対してどのような感情を抱いたのか、そしてどうして社長に文句を言わなかったのか知りたかった。また、二人で愚痴でも言いたい気分でもあった。

ところが、僕はてっきり小島さんの口から社長への不満や悪口が飛び出すものだと思っていたのだけれど、予想外の言葉が返ってきた。

「まあな、気をつけなきゃなんねーな。あそこは足場が悪りぃからユンボも大変なんだよ、バランスとるのが。だから仕方ねーよ、俺らが気をつけなくちゃな。俺はこの仕事長げーからだいたい勘でわかっけど、おまえなんかは気をつけろよ。あんなでっけえユンボが倒れてきたらおしまいだかんな」

「ユンボって倒れんの？」

「あー倒れる、倒れる。俺はいろんな現場見てきたから知ってるよ。怪我したって（治療費は）自分持ちだからな。ホント、俺も勘ばっかに頼ってたら危ねーよ」

僕は初日からここの現場は危ないと思っていたが、実際に危険な場面を目の当たりにしてしまうと、より一層現実感が増してしまい、これから続く日々のことを考えるとひどく憂鬱になった。

都市と山谷の微妙な関係

雪のために半日で仕事が終わってしまったので、午後はぽっかりと時間が空いてしまった。他の男たちは別につるむわけでもなく、外出したり部屋にこもったりと、ばらばらに過ごしている。

僕は隣駅のファミリーレストランに出かけることにした。少し飯場から離れて息抜きをしたかった。

ファミリーレストランでコーヒーを啜りながら何を見るでもなくぼんやりと店内を眺めていると、不思議と派手な着物姿が目についた。そういえば、今日は成人の日であった。彼女たちは携帯電話で友人と連絡を取り合い、その数は次第に増えていった。自分も四年前に成人式に出席したのだなあと、育った町のことをふと思い出した。

僕は埼玉県の大宮という土地で育った。駅近辺はデパートが建ち並ぶ、典型的な地方都市だった。近所には競輪場があったので、子供のころから競輪場に集まる大人を見て育った。平日の昼間から駅周辺で座り込んで酒を酌み交わす怪し気な男たちを、一体この人たちは何者なのだろうかと疑問に感じていた。両親は、ちゃんと勉強しないとあの人たちみたいにはみ出し者になると言った。僕がドヤ街や飯場という、社会の常識や規範からドロップアウトしてしまった人たちに関心を抱くのも、そんな体験が頭のどこかに沈んでいたからなのかもしれない。

大学進学後には実家が群馬県に引っ越したため、横浜で一人暮らしをする僕には帰る場所がなくなった。さすがに大学卒業後に何も知らない群馬県で生活しようなどとは思うはずもなく、将来は東京で生きていこうと漠然と考えていた。都市は、ここにいれば何かが起こりそう、そして何者かになれるのではないだろうかと、そんな期待を抱かせた。

ドヤ街や飯場の世界に関わるようになってときどき考えることがある。彼らは、どんな気持ちで地方から都市に出てきたのだろうか。そして今、彼らはどんな気持ちで都会の中で生きているのだろうか。都市に吸い寄せられた彼らに、都市は何かを与えてあげたのだろうか。

飯場やドヤ街を考える上で、この都市の存在は欠かすことができない。事実、ドヤ街の住人には地方から出てきた人が多い。千葉の飯場で働いたときには、北海道や沖縄出身の人も何人かいた。北海道の網走出身の男に、どうして飯場で生活をするようになったのかと訊いたら、初めは出稼ぎで網走と東京を往復していたのだが、帰っても何もすることがないので賑やかな東京に住み着いてしまったと言っていた。やはり、都会には雇用だけでなく、田舎で生活する者を惹きつけてやまない魅力があるようだ。またこれは、地方と都市との関係という、日本の問題にまで広がる。地方に雇用がないのではその地方に魅力など生まれるはずはない。雇用もなく魅力もなければ人が都会に流出するのは当然だ。

都市にはその両方がある。でも雇用の多くは未熟練の末端労働だ。未熟練労働は単純作業で、雇用も一時的で代替え可能なものが多い。誰でも、いつでも、気軽に働くことができる。そして寄せ場の仕事なら、履歴書も、住民票も、住所すらなくても仕事を手に入れることができるのだ。また、ドヤ街には同じような地方出身者が集まるので孤独もやわらぐ。

そんなことを考えると、僕と同世代の地方出身のフリーアルバイターのことが頭に浮かんだ。業種や生活スタイルは異なるものの、都市と地方の関係は今も昔も変わらないようだ。

都市の巨大な雇用は、多くの未熟練の労働を生み出し、代替え可能な仕事の増加は都市の新しい生活スタイルを作り出した。また気軽にできるアルバイトは、自分の好きなことや夢や目標を追う若者にとっては好都合な雇用形態でもあった。双方の需要と供給によってフリーアルバイターというスタイルがここまで一般化した。僕はそんな同世代の都会に生きるフリーターたちを見ると、なぜだかドヤ街や飯場の男たちと重ね合わせて見てしまう。生活スタイルは違うものの、その本質的な社会に対する関わり方は同じなんじゃないだろうか。

　実家が地方に引っ越してしまった僕にとって、地方と都市との関係は、もはや他人事ではない。都市はこの先、僕に何かを与えてくれるのだろうか。何の保証もないにもかかわらず、東京は僕の心を惹きつけてやまない。

　東京の中であがき続けることによって、何かを手に入れることができるのではないか。いや、あがき続けることによってでしか自分が自分でいられないような、そんな気がしてならない。あがくことをやめてしまったら、東京という深い海の底へと沈んでしまい、二度と浮かび上がれないのではないか。

　そして今、僕はあがいている。

　だが、携帯電話を片手にはしゃいでいる成人式帰りの女の子たちの姿を見ていると、今まで僕が歩んできた道、そしてこれから探そうとしている道は間違っているのではないかと思えてしまう。もっと楽な生き方があったのではないか。今とは違うもっとよい選択があったのではないか。どうして僕は山の中で砂防ダムなんて作っているのだろう。僕は一体何のために、あんな流れ者の集団の中で働いているのだろうか。そしてなぜ、僕は就職もせずにドヤ街で働いているのだろう。友人たちと同じように就職していれば、今ごろどんなに楽だっただろうか。

飯場の人間関係

ファミリーレストランから飯場に戻って食堂に向かうと、電気が消されて誰もいなかった。テーブルの上には、ぽつんと炊飯ジャーが置かれている。おかしいと思い、隣の部屋にいた社長に訊くと、いきなり怒られた。

「いったい今までどこほっつき歩ってたんだ。田村さんが何度も部屋まで呼びに行ったんだぞ。少しは周りのことも考えろ。まったく身勝手な奴だ」

僕は気をきかせて早く帰ってきたつもりだったのに、開口一番文句を言われたので腹が立った。

中森さんの風呂やエアコンの件など、集団生活の規律などに縛られていると、飯場での集団生活の力関係について考えさせられる。

以前の千葉の飯場では労働者が八十人近く生活していたのに、このようなトラブルはほとんどなかった。寮生活の管理を事務員が行っていて、トラブルを回避するための客観的なルールが存在していたからだ。

ところが、ここの飯場のように七人という少人数の生活では、ルールは内部の力関係によって決まる。しかも、それらは場当たり的なもので、あらかじめ決められているものではない。その力関係は上から社長、直接雇用の労働者、山谷から来た労働者の順になる。

これは飯場で生活するのに厄介な問題だった。風呂の件もそうだが、中森さんは初めに僕が風呂に入るのを我慢しろと言ったが、社長が介入すると、小島さんと僕の二人で入れというように変わる。

たぶんエアコンの件も、社長が実情を知ったら新しいルールを作ってくれるのだろう。でも、僕から社長に言うことはできない。告げ口をしたということがわかれば、今後の飯場生活が今まで以上に居心地の悪いものになってしまう。

それを考えれば、我慢し続けるのが賢明だ。僕のような新入りにできることといえば、それらに耐えて働き、確実に現金を握って帰ることだけだ。

これは僕だけの問題ではなく、山谷の労働者の問題でもある。山谷から飯場や現場へと流れ歩く労働者は新入りとなる場合が多いので、これらを我慢する忍耐力や受け流すコミュニケーション能力が必要となる。救いとしては、これらの契約が半月や一ヵ月の期間に限られることだ。その期日さえ過ぎれば人間関係をリセットして現金を握って山谷へ戻ることができる。

山谷労働センターで知り合った労働者に「頑張ってこいよ、一ヵ月我慢してくりゃいいんだからよ」と言われたのを思い出した。

山谷の労働者は人間関係が苦手な人が多いと言われている。山谷で斡旋される仕事は日雇いや短期間契約の仕事がほとんどなので、人間関係が苦手な人にとってはうってつけの環境だ。

もちろん人間関係の問題は、ドヤ街や飯場だけのものではなく、一般的な会社の中でも大きな問題になる。サラリーマンやＯＬも人間関係の悩みを抱えている。でも、会社の枠の中では、上司と部下、先輩と後輩という関係はそう簡単には崩れないので、問題は深刻だ。人事の異動を待つか、自分が退職するなどしないと解決できない。

だが、この建築の労働現場の世界では、職人はその熟練した技術を買われて現場を渡り歩き、未熟練労働者もある程度のコツと経験を覚えれば代替え可能なので、現場を転々と渡り歩くことができる。そして雇用側も、作業工程に応じた短期間の技術や労働力を欲しがる。つまり人間関係や雇用というものが、会社という縦型の枠に縛られているのではなく、現場単位の横の軸で動いているのだ。

そのような雇用関係では、労働者は気に入らない現場監督や親方の下で働くことになっても、ある期間だけ我慢すれば契約が終わるので、何とか人間関係を乗り切ることができる。また、どうしても我慢できなかったら、その雇用関係を惜し気もなくリセットすることもできる。逆に言えば、この建築の末端の雇用形態が、定住しないで流れ歩くというドヤ街や飯場の労働者の生活スタイルを生み出したとも言える。

　そして最近では、新たな雇用形態も誕生している。かつての臨時的な建築の末端労働は寄せ場を中心にして手配師が人材を集めていたが、最近では若者向けの登録型アルバイトとしてアウトソーシング業者が人材を確保していている。この登録型アルバイトは夢を追うフリーターや、学生バイト、就職・転職までのつなぎとして働く人などが利用している。時代の変化とともに日雇いの末端労働が世代交代をしている。山谷や寄せ場で仕事が少ないのは景気のせいだけではなく、このような新しい雇用形態にシェアを奪われているのだ。そして今までドヤ街や寄せ場労働者として括られていた日雇い労働の仕事が、目に見えない形で都市の中に溶け込んでいる。

　これらの雇用形態は一見好都合とも思えるけれど、皮肉な結果を生むことになる。その雇用関係は、いざ不況になってしまうと、ただの不安定就労でしかなくなってしまうからだ。

だから山谷はやめられない

　ストーブの上で熱せられた昔ながらの古びたヤカンから白い湯気がゆらゆらと立ちのぼる。

熱い取っ手をタオルで巻いてカップラーメンに湯を注ぐと、香ばしい醬油の香りがゆっくりと鼻の奥まで届く。寒い冬の山ではこのカップラーメンが欠かせない。熱いスープは冷えた体をほぐし、全身にしみわたる。カップラーメンをこんなに美味しく食べられる場所もそうそうないだろう。そして僕がヘルメットを脱ごうと大事なラーメンを床に置いたそのとき、何と、社長が横切ってカップラーメンをひっくり返した。

「おみゃー、こんなところに置くなよ、馬鹿だなー」

あー、僕のラーメンが……。

いくら社長だからといって、人の大事なカップラーメンを台無しにして、その第一声が馬鹿とは酷い。たとえそれが僕の不注意だったとしても、あんまりだ。もしそれが中森さんのカップラーメンだったらどんな反応をしたのだろうか。また、僕が社長のカップラーメンを蹴っ飛ばしたらどんなに怒ったことだろう。しかも、こんな山奥では代わりを買いに行くこともできないので、僕の昼飯はパン一個になってしまった。

その後、焚き火の前でパンを食べていると林さんと二人きりになった。

「林さんは飯場から帰るとだいたい山谷にいるんですか?」

「うん、そうだよ。山谷に戻ったらしばらくは仕事しないで酒飲んでばっかだよ。そんで俺らは手帳（アブレ手帳）持ってるから、金がなくなったらアブレもらって暮らしてね。そんでアブレが切れたら、また仕事見つけてさ」

林さんの言うアブレとはアブレ手当のことで、日雇い労働者の失業保険のようなものだ。労働者は一日働くと一枚の印紙を業者から手帳に貼ってもらえ、二ヵ月で印紙が二十六枚たまると十三日分のアブレ手当がもらえる権利が発生する。そして権利を手に入れた労働者は仕事が手に入らなかった日、つまりアブレた日に限って一日七千五百円のアブレ手当をもらうことができる。

僕は以前からこのアブレ手当の存在は知っていたが、それほど気には留めていなかった。山谷で日雇い労働をする人が二ヵ月で二十六日以上の仕事を手に入れることはそう簡単には思えなかったので、実際に活用している人はあまりいないだろうと思っていたからだ。

でも冷静に考えてみれば、日雇いではなく飯場に住み込んで働けば二十六枚の印紙を手に入れるのはそう難しいことではない。林さんの生活スタイルが例外でないとすると、アブレ手当はドヤ街労働者の生活スタイルを決定づける重要な福祉制度なのだ。

僕は山谷の日ノ出ハウスで生活をしてみて、あまりにも仕事をしていない人が多いのをいつも不思議に思っていた。将棋をしたり、蒲団に横になって本を読んでいる人が多いのだ。僕が仕事もせずにドヤで生活していると、どんどん金がなくなったが、彼らはそんなに生活に困っているようには見えない。日ノ出ハウスの中には高齢者が多く、生活保護受給者も少なくないが、アブレ手当の受給者も多いのだ。

林さんのようにアブレ手当を上手く利用すれば、山谷での生活が悲惨なものから気楽なものへと一変してしまうことがわかる。

例えば千葉の飯場の場合、日数の契約ではないので会社を辞めるまで労働者は休む間もなく働かなくてはならない。それに対して山谷労働者の場合は、アブレ手当をもらえる日数さえ働いてしまえば、仕事や求職活動を打ち切って、社会からの避難場所ともいえるドヤ街という空間で気楽な生活を送ることができる。社会からは白い目で見られるものの、そこでは面倒な人間関係に縛られることもないし、かといって孤独というわけでもない。

このようなことを考えると、彼らの生活は「搾取された悲惨な生活を送る下層社会」「隔離された」「隠蔽された」という見方は必ずしも当てはまらない。ドヤ街の生活は決してパラダイスというわけではないけれど、ある価値観の下では気楽な生活を送ることができる空間として十分に機能している。

行政の福祉制度の変化に合わせるように、ドヤ街の住人の生活スタイルや就労スタイルも変わっている。それは、行政からしてみれば仕事がなくて困っている労働者のための制度だ。ところが林さんの場合は十分に働けるにもかかわらず、それを利用して最低限の日数しか働かない。つまり、行政のアブレ手当は山谷の住人が「自由気ままな生活」を送るための手助けをしているようなものなのだ。そして林さんのような人間は、そんな行政の温かい心遣いを、したたかに利用している。

また、林さんのように十分に働ける労働者がアブレ手当をもらうと、数少ない仕事が他の労働者に譲られるので、考えようによっては、山谷の中の限られた仕事をシェアしていることにもなる。

その他にもボランティアによる炊き出し、行政によるパン券やドヤ券の支給もある。このように、山谷住人の生活スタイルは個人の意思だけでなく、外部からの対応によって大きく影響されている。またそのような状況が、男たちが山谷から離れられない理由の一つにもなっている。だから山谷はやめられないのだ。

だが、山谷に住む男たちのすべてがアブレ手当の援助を受けているわけではない。同室だった小島さんは、まったく反対の考えだった。

ある日のこと、仕事を終えて飯場の部屋に戻るなり小島さんが言った。

「社長も足が悪いからなー」

確かに社長は足が悪いようだった。僕は足首でも怪我しているのだろうと思っていたが、小島さんは意外なことを続けた。

「あれ義足だって知ってるか。左足の膝から下は義足なんだよ、気づいてただろ？」

「いや、気づかなかった」

「あんななのによく仕事やるよな、まったく感心するよ、あれは身体障害者だからな、福祉かなんかもらっとんだろ」

小島さんはそう言うと、その後も独り言のようにごにょごにょと続け、そのたびに身体障害者という言葉を連発した。僕はあまりいい気持ちがしなかったので話題を変えた。

「小島さんはアブレ手帳持ってんですか？」

「俺は持っとらん、昔は持っとったけどな」

そう言うと、僕に作ればいいのにと勧めた。

「小島さんは何で手帳を作んないの？」

「俺はもうあんなとこ（山谷）出ようと思ってんだよ。もう遅いかもしれねーけど、一発やってやろうって思ってんだよ。あそこは最低だよ、どん底だかんな。センターの仕事もろくなんがないし、みんな使い捨てだよ。怪我なんかしたら、仕事ができたって切られちまうかんな。最近じゃアオカン（野宿）してる奴も多いしよ」

山谷と飯場を行き来している小島さんは、山谷から出てどこに行こうというのだろうか。そして一発やってやろうとは、何をやろうとしているのだろうか。

「じゃあ、小島さんはこれからどうすんの？　アパートでも借りるんですか？」

「いや、まだわからん。だけどあそこは出るよ。でも出たからって、また飯場に入ったんじゃ同じだかんな。何とか今の生活から抜け出さねーとな」

人間関係が苦手そうな小島さんにとって、山谷は住みやすい環境だと思っていたが、彼には彼なりの考えがあるようだった。でも、山谷の労働者にも変わり者だと言われる小島さんが一般的な生活環境で暮らせるのだろうか。小島さんは五十歳過ぎなので、これから定職につくのは簡単ではない。たとえ山谷から出たとしても、また山谷に戻ってきてしまうのではないだろうか。今までもそれの繰り返しだったのではないか。それとも単に、現実逃避のために発せられた言葉だったのだろうか。

そんなことを思いながらも、僕は何と言ってよいかわからず、無感動に「ふーん」と答えた。

働き者でも飯食えず

ここの飯場生活で困るのは、何も人間関係だけではない。食事が酷いのだ。そんなことは馬鹿らしいと思う人もいるかもしれないけれど、肉体労働者にとって食事は重要な問題になる。

朝の出発前、車の中で社長を待っていると、中森さんが喋りだした。

「昨日の夕飯、ご飯が半煮えじゃなかったか？　俺のはボリボリして食えたもんじゃなかったから捨てちまったよ。どーにかなんねーもんかね。さっき社長に言ったら、俺のはそんなことなかったぞって言いやがる。社長なんだから、田村さんに言っておくぐらいするのが社長の威厳ってもんじゃねーか。それなのに俺のは大丈夫ってんだもんなー」

柏木さんも飯場の食事には不満があって何度も社長に文句を言ったのだが、結局変わらないので諦めたという。

もちろん僕も献立には不満があった。おかずに焼き魚なんかが出るときはいいのだが、困ったことに、白米のおかずとして、うどんや炊き込みご飯などが出されることがあるのだ。朝食は社長が作るので、ご飯と卵と味噌汁だけのようなものだし、昼食はコンビニのものなので、夕食くらいはしっかりしたものを食べたかった。

確かに量は多いのだけれど、栄養面を考えると首を傾げたくなる。しかも僕たちは体が資本の肉体労働者だ。僕がそのことを指摘すると、中森さんも柏木さんもそうだそうだと言い、あんなもん食っていたら仕事にならないとこぼした。

これには理由があった。中森さんが田村さんに直接文句を言ったところ、社長が金を出さないので田村さんも困っているというのだ。

実は、ここの社長は会社経営のやりくりが大変で金がないのだ。このことは山谷労働センター利用者の間でも有名らしく、前借りなども渋るため、ここの飯場を避ける人もいるらしい。そういえば社長から、前借りは飯代の分だけだと念を押されたことがあった。無駄遣いさせないようにとの心遣いと思っていたが、単に金がないだけのようだ。

社長が貧乏だというエピソードはいくつかある。資材を買うための金がいると言って柏木さんから金を借りているのを目撃したのもその一つだ。

そしてもう一つは、以前にここの飯場で働いていた男がいまだに寮に住んでいることだ。普通は仕事を辞めたらその当日に部屋を空けなくてはならないのだが、男は寮に住み続け、さらには食事までしている。不思議に思って柏木さんに訊いてみると、社長はこの男に借金をしているのだという。

そしてさらに決定的な理由があった。以前、飯場が今と違う場所にあったときに飯場が火事になったそうなのだ。そのときの飯場は八畳間が十六部屋もある大型の飯場だったらしく、労働者も多くて事務員もいたそうだ。

バブル経済真っただ中に創業した飯場の経営は順調に上昇していった。ところが、突然の火事に見舞われて社運は一気に下降した。そしてバブルが弾け、それ以後は経営が上手くいっていないらしい。この話を教えてくれた田村さんは、火事のことを思い出してこんなことを言っていた。

よく燃えたんですよ。一時か二時だったかしら、私が夕食の支度をしに行く前に、おたくのところ火事みたいよ、って連絡があって急いで駆けつけたの。でも、着いたときには火が広がって何も外に出せないまま全焼しちゃいましてね。私も空いていた部屋に私と娘の冬服を置かしてもらってたんですけど、全部燃えちゃいましたよ。それで、寮が坂の上に建ってたもので、上の家の庭の木やら車まで燃しちゃいましてね。結局出火の原因はわからなかったのよ、タバコか何かが原因だったのかしらね。でも昼間だったからみんな仕事に行ってて、寮に人がいなかったのが不幸中の幸いでしたね。

僕は部屋の毛布が日本赤十字のものだったので不思議に思っていたが、火事の見舞い品でもらった毛布だったのだ。

でもまあ、お金がないのもわかるけど、もう少しまともな食事をしたい。焼肉を食べさせろとは言わないけれど、ソース焼そばを白飯のおかずに出すのだけはやめてほしい。お願いだから、田村さん。

飯場のルール

朝、一番乗りで台所に入ると、社長がいつものように朝食の準備をしていた。入ってきたのが僕だと気づくと唐突に言った。

「こんなこと、朝から言うのも何だけどな、ここは共同生活なんだから、そのへん考えて生活してくれや」

身に覚えのないことを言われたので、頭にきた。今まで中森さんや社長の一方的な要望を受け入れてきた僕は、さらに要求されるのかと思うとうんざりしたが、ここまでくると、次なる要求は一体何なのだろうと逆に興味があったので、挑発的な口調で訊いた。

「例えばどんなことですか。言ってくれれば直しますから言って下さい」

「先輩（中森さん）のことをちゃんと立てて、風呂をあとに入るだとか」

風呂の順番はすでに中森さんによって強引に決められていたので、中森さんがいつも一番初めに入っていると返すと、「じゃあ、あいつはどうなんだ？　小島は」と言った。

そのまま聞き流せばよかったのだけれど、僕はこのままでは腹の虫がおさまらなかったので、

「別に監視してるわけじゃないからわからんですよ。小島さんはよく外出するし、自分も外に出るから」

と反発ぎみな態度に出た。

「そりゃそうかもしらんが、そのくらいわかるだろうに」

「でも中森さんが一番に入ることに変わりはないんじゃないですか」

社長がムキになっていたのには気づいたのだけれど、つい言い返してしまう。近ごろ、社長の小言にうんざりしていたからだ。

「また銭湯でも行ってんのか。あいつのやることはまったくわからん」

社長は眉間《みけん》に皺を寄せ、顔を赤くしながら強い口調で言った。

僕は小島さんが銭湯通いを再開したのを知っていたが、それには触れなかった。どうしてこうも社長や中森さんは、どうでもいいことにこだわるのだろうか。

言い返すのをやめようと思いつつも、今さら後には引けず、僕は挑発的な態度を続け、

「そんなの本人の勝手じゃないですか」と言うと同時に、川田さんが部屋に入ってきた。これ以上喧嘩ごしの会話が続いたらまずいと思っていたので助かった。

川田さんは飯を食いかけて、

「あっ、帽子脱がなくちゃ。こないだ中森さんに怒られちゃったからな」

と、帽子を脱いだ。川田さんはいつもトレードマークのようにキャップをかぶっているのだ。すると社長が誇らしげに言った。

「そりゃそうさや。おみゃー、どこの誰が飯食うときに帽子なんかかぶるかい。アメリカならそれでいいかもしれんが、日本じゃそういうわけにはいかんさ。それが礼儀っちゅうもんだ」

僕は呆れて言葉が出なかった。

このように、ここの飯場の社長はちょっと変わっていて、誰かに文句を言っていなくては気がすまない質《たち》だった。もちろん、僕だけが困っていたというわけではなく、他のメンバーもなんだかんだと愚痴をこぼしている。

ある日のこと、昼休みに焚き火を囲んでいると、中森さんが苛立たしげに言った。

「あのオヤジ（社長）はまだ帰ってこねーのか。何か取りに行ったんだろ、一体何やってんだ」

よくあることなのだが、社長が車で資材を取りに出かけたまま、なかなか帰ってこないのだ。山の中の現場では資材を取りに行くと半日がかりになってしまう。

柏木さんが焚き火の上で手をもみながら続けた。

「今ごろ、暖房の効いた車の中で飯でも食って、のんびりしてんじゃねーか」

「そんなん、運転手雇って行かせりゃいいじゃねーか。こう社長がしょっちゅういねーんじゃマズイぞ」

とB建設の監督が心配した。

以前はここの飯場でも運転手を雇っていたらしいのだが、社長と言い争って山谷に帰ってしまったらしい。原因は、五時に仕事を終えてから社長が運転手に資材を取りに行ってくれと頼んだのに対して、運転手はどうせ閉まっているからと断ったのだが、無理矢理行かされた。そして嫌々行かされた結果、資材屋が閉まっていたので運転手が怒ってしまったのだ。

その他にユンボの運転手もいたらしいのだが、その人も社長と喧嘩をして辞めてしまったという。そんなことを柏木さんが話すと中森さんが呆れ顔で言った。

「あのオヤジは駄目だよ、どうかしてるよ、言ってることが通じねーんだもん。こうだって言ってもグチグチ言って、なかなか自分の非を認めねーんだよな。頭がいかれちまったんじゃねーか。俺はもう馬鹿らしくって言う気も失せちまったよ」

すると柏木さんも続けた。

「あの社長は、いつも誰かに文句言ってなきゃ気がすまねーんだよな。文句さえ言える相手がいりゃあ機嫌がいいんだよ。寂しいのかねー、まったく」

「そう、誰か生《い》け贄《にえ》がいれば機嫌がいいんだよ。不思議なもんで、一人嫌われる奴がいると上手くいくんだよな、でもそれを気にする人と聞き流せちゃう人がいてさ、辞めちゃう奴もいれば、鼻歌なんか歌ってる奴もいるんだよな」

こんな男たちの会話を聞いていると、現在、その生け贄は僕なのではないかと思えてきた。僕の作業は社長のそばが多く、何度となく馬鹿呼ばわりされていたからだ。

もちろん、なるべく我慢するようにしてきた。初めのころは本当に頭にきたけれど、自分が仕事を上手くできないのも事実だったし、足が不自由にもかかわらず頑張っている社長の姿を見ると、敬意を表したいくらいだった。

それに、最近では作業の流れが徐々に見えてきたので、そんなに酷いことを言われることも少なくなってきた。そして社長の文句は小島さんに集中していた。また、小島さんは社長にとってだけでなく、他の男たちにとっての生け贄でもあったようだ。

「あいつはホント変わってるよ。何をするにも、一歩一歩こうやって踏みしめるように動くんだよ。仕事中もあっち行ったりこっち行ったりして、一体何やってるかわかんねーんだよな」

B建設の監督は、小島さんの歩き方を真似ながらそう言うと、続けて中森さんが、山谷でドヤの中から出ない生活を続けているとああなってしまうのかと真剣な顔で言った。

「俺も気をつけなくちゃ。あんたも（アブレ）手帳なんか作らない方がいいよ」

と、川田さんは笑いながら僕の方に視線を送った。

「いや、作れ、作れ、アブレもらって暮らせよ。酒飲んでゴロゴロしてさ、それで段々と独りごと言うようになんだよ。独りごと言うようになったらおしまいだよ、あんなのになっちまうぞ」

中森さんは一人で焚き火にあたる小島さんの方を見た。

小島さんが陰で馬鹿にされることは少なくなかったが、実際にそれだけ小島さんが変わり者だというのも事実だった。食事を作る田村さんも「あんな変わった人は初めてですよ。今まで百人以上の人たちのお世話をしてきましたけど、あんな人はいませんでしたよ。ホントびっくりしましたよ」と真顔で言っていたほどだ。

また小島さんは、変わり者だというだけでなく、仕事もあまりできなかった。コンクリートを流して固まった面をワイヤブラシで擦る作業を行ったときにも、ただ擦ればいいだけなのに、小島さんは集中力が欠けているのか、あっちを削りこっちを削りと落ち着きがなく、まったく成果が上がらない。そして滅多に怒ることのない長髪の林さんに怒られている。

小島さんは道具が悪いからだと言い訳をして林さんのワイヤブラシと交換したが、やはり駄目だった。更には削る場所のせいにして作業場所を変わったものの、一向にはかどらない。

そして最後には削るのをやめて削りカスの掃き掃除をしている。ついに林さんは呆れて何も言わなくなってしまった。

　飯場では、仕事ができるかどうかということが、集団内の力関係に大きく影響している。またそのことが、ここの飯場の人間関係を難しくさせている。それは、権力で一番なはずの社長が仕事で一番でないということだ。そしてそれは、社長の足が不自由だということが理由になっていて、決定的なものだった。

　また、社長はボスらしくドンとかまえていればよいのだけれど、どうもせこく、それでいて強情で、理不尽なところもある。さらには従業員に借金までしている。間違っても、下の人間がこの社長についていこうなどとは考えないタイプの人なのだ。その結果、社長自身も柏木さんや中森さんに対して強く言うことができないで、その皺寄せが僕や小島さんに集中する。

　だが、社長の仕事が上手くないのは、どうも足のせいだけではないようだ。あまり足を使わないユンボの運転でも、社長は運転席のガラスを毎年割るそうだし、先日も岩にぶつかってボディーを剝がした。B建設の監督も社長の運転を見て「ありゃひでーな、俺が運転した方がまだましだよ」と言う始末だ。そう、社長はどこか抜けているのだ。でも、そのおっちょこちょい加減が、口うるさい社長をどこか憎めなくさせているのだが。

トビも空から落ちる

「ねえ、俺、来週の水曜に帰っからね。いつ給料取りに来ればいいのかな、一応電話かけてっから来るけど」

現場に向かう車の中でガタガタと揺られながら、林さんが社長に言った。

「林さん帰っちゃうのかよ、もう仕事やんなくていいんかい」と中森さんが訊いた。

「もういいの、（アブレ手当の）印紙がたまるから帰っても大丈夫。アブレさえもらえれば」

中森さんが珍しく不安そうな表情を浮かべて続けた。

「俺は前からそーゆーの嫌いだったんだけど、最近（アブレ手帳を）作ろうかと思ってんだよな。いつ仕事なくなっかもしんねーし、怪我すっかもしんねーかんな」

中森さんは最近、生活に対して弱気なようだ。彼らしくない。そんな気がした。

そういえば先日、中森さんは体の不調を訴えて、帰りがけに薬局に寄っていた。体調があまりよくないのだろうか。

中森さんは寮生活だとただの口うるさい男だが、仕事中は理不尽な文句や筋の通らないことは言わなかった。無知な僕に対しても的確な指示を出し、現場では社長よりも頼れる存在で、仕事をてきぱきと進める。だが、その中森さんが福祉をもらおうと考え始めているのだ。中森さんから仕事をとったら一体何が残るのだろうか。もし職人というプライドがなくなってしまったら、ただのギャンブル好きの酒飲みになってしまうのではないか。少し心配してしまう。僕はそんな中森さんの姿を見たくはなかった。でも、中森さんが精神的に弱気になっていることは事実だった。

そして、その数日後の出来事であった。

「おいっ、中森さんが、中森さんが落ちたぞ。みんな来てくれ」

凍てついた静寂の山の中にB建設の監督の声が響いた。

中森さんの作業場所に向かうと絶句した。中森さんは堰堤の隅のところでグッタリと倒れ、意識を失っている。

中森さんが倒れている場所は、堰堤と山肌と、その間を詰める間詰めコンクリートに囲まれた三角地帯になっていた。

監督と小島さんが堰堤に寄りかかるように倒れている中森さんを横にさせようとした。だが、意識のない中森さんの体はグニャリとして思うように動かすことができない。

ヘルメットは頭から脱げ落ち、左頭部のこめかみの上から出血し、耳と頬の間に流れている。突然の惨事に感覚が麻痺したのか、僕は、血液は意外にも黒いものなのだなあと思っていた。一体どうしてよいのかわからない。なぜだか頭が働かない。

社長や監督が何か言っているようだが、頭に入ってこない。普通なら救急車を呼べばいいのだろうが、中森さんの容態を見る限り、こんな山の上まで救急車を呼んでいる余裕はないように思えた。

突然の事故との遭遇に戸惑って思考能力が麻痺したのか、目の前の出来事が現実のものかどうかさえはっきり自覚できない。だが、視覚だけは残酷なまでにその現実を脳に刻み込むことをやめなかった。

監督と社長が話して、まずは中森さんをこの三角地帯の外に出さなければということになったが、この壁をどう乗り越えるかの意見がまとまらないうちに各自が勝手に動きだした。その結果、「梯子《はしご》持ってこい」「ロープ持ってこい」「長いタンカン持ってこい」「コンパネ持ってこい」「ブルーシート持ってこい」という声が同時に飛び交い、わけがわからなくなった。

そしていつの間にか、中森さんはブルーシートにくるまれて枠板の上に乗せられ、ロープでぐるぐると縛られていた。緊迫した場面にもかかわらず、その姿はあまりにも滑稽《こっけい》だった。

「あぁ、ついてねえ」

意識を取り戻した中森さんが、目をつぶったまま漏らすように言った。ひょっとしたら命

転落事故

に関わるとも思っていたので、その声を聞いてひとまず安心した。

社長は中森さんに足の感覚があるかと訊くと、中森さんは体が動かないと答えた。

「脊髄《せきずい》やられてねーだかや、わしゃそれだけが心配だがや。脊髄は一生治らねーかんな」

どうして社長はこんなときに、そんな不安材料になるようなことを言うのだろうか。

その後、僕らは間詰めコンクリートに梯子を斜めに立て掛け、その上に長い鉄パイプを置き、滑り台のようにして中森さんを上からロープで引っ張り、下からも押し上げた。こんな強引な方法でよいのかとは疑いもせず、僕らは必死になっていた。そして何とかその三角地帯から抜け出すことに成功した。

だが、僕らは次にどのように行動してよいかわからず途方に暮れた。目の前には、車の止めてある場所に続く急斜面が待ちかまえていたのだ。

すると社長が、「ユンボで吊って登ろう」と、とんでもないことを言った。怪我人をユンボで揺らしながら上まで登るなんて危険すぎるし、振り落とされないとも限らない。この坂は急なのでユンボだけで登るのにも一苦労だった。しかも社長はユンボの運転が下手なので、中森さんにとどめをさしかねない。この人は本気でそんなことを考えているのだろうか。

結局、みんなでやれば上がるだろうということになり、このまま手で持ち上げて運ぶことになった。

ところが、斜面はなかなか登れなかった。

仕事帰りに一人で登っても一苦労なのだから、大人一人を持ち上げて登るのが楽なはずはなかった。おまけに足元に石がゴロゴロ転がり足場も悪い。

でもやらないことには何も進展しないので、手に感覚がなくなって棒のようになりながらも、必死になって持ち上げた。でも、気持ちは上へ上へと向かうものの、なかなか体が進まない。はたしてこの坂を登りきれるかどうかさえ不安になった。

腰や手が痛くなり、もう駄目だと何度も思ったが、倒れている中森さんを目の前にして、弱音を吐くわけにはいかなかった。だが、僕らはまだ坂道の三分の一までしか達していない。やはり社長が言うようにユンボで吊り上げた方がよかったのか。

もちろん辛いのは僕だけではなく、他のメンバーも同じだった。みんな苦虫を嚙み潰したような顔をして、「前が重い」「後ろが重い」「左右を取り替えろ」と言った。すると、小さい声が聞こえた。

「休みゃーいいじゃねーか」

中森さんの声だ。

「いやー、もう駄目だ。ちょっと休むべ」

社長がそう言うと、一旦休憩することになった。

みんなに安堵の表情がこぼれたが、その間にも中森さんは重力によって枠板から落ちそうな体勢になっていた。

社長が再び足の感覚があるかと訊くと、中森さんは動かすことはできないが徐々に感覚が戻ってきたと答えた。そして、左腕の感覚がまったくないので曲がった腕をまっすぐに伸ばしてくれと頼んだ。

腕の目の前にいた僕は、ゆっくりとまっすぐに伸ばした。腕はダランとして重く、生きた人間の体の一部とは思えなかった。

すると社長はまた脊髄の話を始めた。なんでこうも脊髄にこだわるのだろうと思っていたら、社長は今まで現場の事故で脊髄を駄目にした人を何人か見てきたのだそうだ。

二、三分休むと、僕らは再び中森さんを持ち上げて地獄の急斜面を登った。途中で三回の休憩を挟んだものの、何とか車の停まっている山道まで辿り着くことができた。

車に中森さんを寝かせると、さっそく病院へと向かった。

携帯電話で救急車も呼んだのだが、ここまで登ってくるのには時間がかかると判断し、僕らはそのまま山道を下りた。途中で救急車と行き合ったら中森さんを引き渡そうと考えたのだ。

ところが車を走らせていくと、その山道は途中で二股に分かれていた。もちろん、そんなことは毎日通っている道なので知っていたのだけれど、焦っていたのですっかり忘れていた。救急車はどちらの道から上がってくるのかわからないので、一体どうしたものかと思ったが、社長の判断で病院に近い方の道から下ることになった。

途中、社長は一一九番に、自分たちが下りている道から登ってきてくれと電話したが、もう一方の道から登る決まりになっていると言われた。社長は変更できないのかと声を荒立てたが、決められたことなので無理だと言われた。

僕らは行き当たりばったりで考えていたので、とんだ過ちを犯していた。そしてさらに、冷静な判断力を失っていた僕らは、坂道の分岐点に引き返して待っていればよかったものを、救急車を待つよりこのまま運んだ方が早いと早合点して、そのまま病院に向かって車を走らせた。

そして、この素人判断が裏目に出ることになった。僕らは山を下りたものの、渋滞に巻き込まれてしまったのだ。

僕は目をつぶって辛そうな顔をする中森さんの表情をじっと見つめながら、今、中森さんは何を思っているのだろうかと考えていた。中森さんは「ついてねー」と何度か繰り返すだけで、体はまだ動かない。ひょっとしたら社長が心配したとおり、脊髄が損傷したのではないかと心配になった。

渋滞につかまっている間、社長の一一九番への文句を延々と聞きながらのろのろ進むと、何とか病院に到着した。社長は急いで車を降りて入り口へ駆け込み、僕らは車のドアを開けて担架が来るのを待った。ようやくこれで大丈夫だと思い、胸をなで下ろした。

ところが、入り口から出てきたのは担架ではなく、あわてた顔をして片足を引きずりながら走ってくる社長ただ一人だけだった。

「いやー、駄目だってさ。当番じゃねーから先生がいないんだってよ。耳鼻咽喉科《じびいんこうか》の先生しかいないんだってよ。そんでこっちの病院に行ってくれだって」

社長はそう言いながら病院の案内書を広げた。言われてみればもっともな話だが、今日は土曜日なので先生がいなかったのだ。先生がいないのではどうしようもないので、僕らは案内に書かれた病院へと再び車を走らせた。さすがに耳鼻科の先生に診《み》てもらうわけにはいかない。

紹介された病院は小さな整形外科だった。その病院を見た社長は、「こんなところで大丈夫かよ」と心配そうに言った。確かに僕にもそう思えた。町の接骨院に毛が生えた程度の小さな病院に中森さんを任せて大丈夫なのだろうか。

しばらくすると、社長とピンク色の看護服を着た看護師が、ストレッチャーを押しながらバタバタと出てきた。そしてその後ろから医師らしき人物が歩いてくる。

「医師らしき」というのは、その人物がビラビラとなびくシルエットをした黒いスラックスをはき、刺繍《ししゅう》入りの白いワイシャツを身に着け、さらには髭まで蓄えていて、まるで東洋の魔術師のような格好をしていたからだ。耳鼻科の先生も嫌だが、僕ならこの先生に診てもらうのもちょっと勘弁だ。

中森さんが病院の中に運ばれると、僕らは外に取り残されてしまい、ただウロウロするばかりであった。ただ医者が言うには、命に関わる怪我ではなく、脊髄の損傷もないだろうということだったので、ひとまず安心した。

僕らはここにいてもすることがないので飯場に戻ることになった。

車の中で社長はまた脊髄の話をし、「脊髄に異常がなかったのは不幸中の幸いだった」と言った。すると小島さんが続けた。

「いやー、そんなこと言ったって駄目だ駄目だ。よくても骨は折れてんだろう。治っても動くかわかんねーよ、もう仕事できなくなっちまうんじゃねーか」

「まあ、利き腕じゃなかったからまだよかったよ」と柏木さんが心配そうな顔をした。

会話は途切れ、車内は重い沈黙に包まれた。

寮に着いて夕食を食べていると、隣の部屋から社長と小島さんの声が聞こえた。小島さんが今月で仕事を辞めたいと相談している。

食事を済ませて部屋へ戻った後、小島さんにどうして辞めるのかと訊いた。すると、普段はぽつりぽつりと途切れながら曖昧《あいまい》に話す小島さんがキッパリと答えた。

ここの現場でこのまま仕事してたら怪我しても不思議じゃねーぞ。おまえも見ただろ、来たばっかのとき。社長とユンボで橋吊ったとき、俺の上に落とされただろ。まあ、怪我しなかったからよかったもんを、本当はとんでもねーことだぞ。脚立《きゃたつ》に登ってセメントで穴を塞いだとき、遅いって社長に文句言われても、俺はわかっとったんだよ、あんな仕事やってたら危ないって。あんなんで後ろにひっくり返ってみな、ただじゃすまねーよ。怪我なんかしたって会社で面倒見てくれるわけじゃねーし、(治療代は)自分もちだよ。だから(社長に)文句言われようが俺はゆっくりやっとったんだよ、自分の身を守れんのは自分だけだからよ。今日の中森さんも、気をつけろって言おうと思ったけど、あの人いろいろうるさいやろ、親切で言って文句言われたんじゃ、こっちが割にあわねーから黙っとったけど、そしたらあれ(今日の転落事故)やろ。おまえも若けーんだから、探せば他にも仕事あんだろ。まあ、本人の自由だから俺が口出すことじゃねーけどな。

僕はここの現場が危険なことは十分に承知していたけれど、運が悪いか注意を怠《おこた》らなければば、事故は自分には縁のないものだと心のどこかで油断していた。でも、中森さんの事故を目の前にした日にこんなことを言われると、常に危険と隣り合わせの現場で事故が起こらない方がおかしいとさえ思え、現場への不安は高まった。

はたして、このようなリスクを背負ってまで、ここの現場で働くことにメリットがあるのだろうか。僕はすっかり弱気になっていた。でも、このような危険な現場で働くことが、山谷で自由気ままに生活する男たちの、山谷の中では決して見ることのできない、もう一つの厳しい現実なのだ。

中森さんはその後、精密検査を受けるために大学の付属病院に移されたらしい。

希薄な人間関係

数日後の朝、雨の音に起こされた。僕は、仕事が中止になるかどうかを確認するために台所へ向かった。

台所ではいつものように社長が一人で台所に立ち、フライパンの上に落とされた卵がジュウジュウと音を立てていた。

「外、雨降ってますけど、仕事行くんですか？」

「とりあえず飯を食って様子をみんべ。それから決めよう」

僕はどちらでもかまわなかったが、雨の中での作業はできれば避けたいと思っていた。

「中森さんの様子はどうだい？」

柏木さんが、台所に入ってくるなりそう訊いた。

「それがさー、中森さん、もう病院から帰ってきて部屋で寝てるよ」

と、社長が笑いながら答えた。

昨日、中森さんが、首と体を固定されてトイレも一人で行くことができない病院生活に腹を立て、病院内で騒いだらしい。それで困った病院側が、社長に迎えに来てくれと電話をしてきたそうなのだ。

「大丈夫なんか？　だってずいぶん酷かったじゃねーか」

柏木さんは予想外の展開に呆れた様子で言うと、社長が続けた。

「不幸中の幸いっていうのか、骨には異常がなかったんだとさ。ただ神経が腫《は》れてるらしくって、左手が上手く動かねーみたいなんだと。あんなに苦労して坂登って運んだのに病院出るって騒いでんだもん、こっちがまいっちまうよ」

僕も社長と同じように、せっかく苦労して運んだのだから、もう少し怪我人らしくしてもらいたいと思ったのと同時に、中森さんが病院で騒いで看護師を困らせている様子が目に浮かんだ。

柏木さんは、「いくら大丈夫だからって一週間くらい病院で安静にしとりゃあいいのにな。こういう怪我は後になってから症状が悪くなるって言うからな」と眉間に皺を寄せた。

結局、雨のやむ気配はなく、仕事は中止となった。

急に決まった休日はそれぞれが自由気ままに時間を使う。

今日に限ったことではなく、ここの飯場の男たちがプライベートで団体行動をとることはほとんどない。千葉の飯場では派閥のようなグループがあったり、酒飲みグループやギャンブルグループがあったりしたのと比べると、ここでの人間関係は薄い。

これは飯場の規模の問題というだけではなく、そこで生活する人間が飯場を軸に生活する人間か、それともドヤ街を中心として生活する人間かということによるものだ。ドヤ街の人間にとって飯場とは「我慢しに行く場所」であって、生活の中心とは考えられていない。もちろん、濃密な人間関係も必要ないし、友達だっていらない。

中森さんの事故に対しても、社長と柏木さんが心配するばかりで、他の山谷の労働者はまるで他人事のようだった。

山谷労働者は契約期間が過ぎれば職場での人間関係もリセットされてしまう。この人間関係の希薄さは一見寂しそうに思えるが、匿名性でつながる山谷の人間にとっては、この希薄な人間関係こそ、過ごしやすい環境なのだ。

仕事をするということ

「休みが続くと金がなくなってどーしょもないなー。前借りした分、もうほとんど残っとらんよ、まったく」

そんな言葉を残し、小島さんが黙って姿を消した。荷物がそのまま残されているので、トン公したわけではなさそうだ。

社長は小島さんの身勝手さに呆れている。他のメンバーは「ヤマ（山谷）に帰ったかな」とか「競輪でも当てたかな」とのん気なことを言っている。

夕食時に台所へ向かうと知らない男が食事をしていた。林さんが今日で山谷に帰ってしまうので、社長がその代わりとして山谷労働センターに人材を頼んだのだ。

「林さん、今日で帰っちゃうんだってねー、寂しくなっちゃうわねー。みんな親しくなったと思ったら辞めてっちゃうの」

田村さんが、連れてきた飼い犬に向かって話しかけた。山谷から来た男たちがつくる人間関係の希薄さがにじみ出る。

隣の社長の部屋から中森さんの声が途切れながら聞こえてきた。治療費のことについて話している。中森さんは五十数万円の治療費を納めて欲しいと大学病院から言われたので困っているということであった。国民健康保険に入っていないので、その治療費は高額で、そう簡単に飯場の労働者が支払える金額ではなかった。もちろん、従業員に借金をする社長にも払える金額ではない。結局、みんなが心配したものの、最終的には元請けの会社が支払ってくれることになった。

食事を済ませて部屋に戻る途中、中森さんが弱々しい声で話しかけてきた。

「こないだはすまなかったなー、いやー、本当に迷惑かけたよ。おかげで大事に至らなかったみたいで、何だか神経が腫れてるらしくて少しの間仕事はできねーみたいだけど、本当はなんか買って礼でもしなくちゃなんねーんだろうけど、これからどうなっかわかんねーから、すまねーな、まったく」

入院した人は肉体だけでなく精神的にも弱くなると言うが、中森さんもその例外ではなかった。ずいぶん老けて、体もひと回り小さくなったように見えた。

特に肉体労働者の中森さんの場合は体が生活の資本となっているので、そのショックは人一倍大きいようだった。しかも、彼は職人だ。中森さんが飯場でボス的に振る舞っているのも、彼が職人であり、熟練した技術を身につけていたからだ。つまり、職人であるということが中森さんの生きる誇りであり、生活の糧なのだ。そして、事故によって職人としての危機にさらされた中森さんは、ほとんど自己喪失ぎみに落ち込んでいる。

不謹慎かもしれないけれど、僕は、失うことで人生が左右されてしまうほどの熟練した技を持っている中森さんが少しうらやましく思えた。僕にはまだ、自分自身が社会に対して誇れる確固としたものがない。

また、職人と未熟練労働者とでは労働価値が大きく異なる。職人である中森さんは自分の技術を商品として売って給料をもらっている。完璧なプロフェッショナルな仕事だ。自分の腕を商品にして現場を渡り歩く職人の姿は誇らしい。もちろんプライドだって高くなる（僕にとってはそれで飯場で苦労しているのだけれど）。

それに対して僕たち未熟練労働者は、自分の体と時間を切り売りしているにすぎない。土工の未熟練の労働者もそれなりの経験やコツが必要だが（ある意味プロフェッショナルだが職人と比べたら断然薄い）、ある程度現場で経験を積めば誰でも手に入れることができ、一定の知識を覚えたらあとは単純作業になる。確かにそれらを覚えることによって現場を渡り歩いて食べていくことはできるが、仕事自体に生き甲斐や誇りを持ちづらい。結局、単純作業に飽きて現場を転々とすることになる。仕事というよりは労働だ。ただ食べるために、そして下に落ちないために働く人が多くなる。

だが中森さんは違った。彼には自分自身の熟練した技術という誇りがあった。頼れる技と経験があった。非常に単純なことかもしれないけれど、それは人間が社会の中で生き甲斐を持ちながら働くということに対しての根源的なことのような気がする。

ところで、いわゆる四大の大学生は、三年の秋になったら企業に資料請求をして、エントリーシートを書いて、面接を受けて、という就職活動の流れに乗るのに疑問すら感じない人がほとんどだけれど、僕は仕事をして生きていくというのはそのようなものではないように思う。彼らの意識はまさに「就職」であって、「仕事」という意識ではない。どこの大学に入ろうか、というのと同じレベルで、どこの企業に入ろうかと考えている。

僕にとっての仕事とは、中森さんのように誇れる技や経験を商品にして、それを対価にしてお金をもらうことのような気がする。単純に会社に所属して時間と魂を売ることが仕事だとは思えない。それを否定するつもりはないけれど、僕には絶対にできない。やりたい仕事を個人でできれば個人でやればよいし、会社という組織の中で能力を生かせれば組織に属せばよい。要は、自分が何の技や芸（もちろん、資格という意味ではない）、さらにはビジョンを持っているかということが問題になってくる。でも悲しいことに、今の大学教育の環境ではそのような個人の能力を養う場所というのはほとんどない。もちろん、僕だってそんなものは持っていない。

それにしても、中森さんの「これからどうなっかわかんねーから」という言葉が印象に残った。弱気になった職人の姿は、見ているこっちが辛くなる。だが、これが建築労働現場を渡り歩く男たちの過酷な現実でもあった。

僕が飯場で見つけたもの

それから数日後、僕は契約を終えて飯場を去ることになった。

最後の仕事を終えて部屋に戻ると、ここを去る準備に取りかかった。冷えきった部屋の中で、くたびれた作業着や汚れた足袋をバッグに詰め込むと、僕はこの飯場からこの作業着以外に一体何を持ち帰ることができるのかと考えた。はたして今までの体験の中で、僕は何かを得ることができたのだろうか。そしてこれらが、まともな就職の道を選ばなかった自分自身に対しての答えになっているのだろうか。

すると、山谷や地下鉄現場での出来事が思い出された。

山谷の日ノ出ハウスで出会った生活保護をもらっている高橋さんは、わけのわからぬ独りごとを言って部屋から出ていってしまったが、あれからどこに行ってしまったのだろう。ホームレスになっていないか、少し心配だ。

一緒に炊き出しに並んでくれた大野さんは、今ごろどうしているのだろう。相変わらず山谷のベッドで寝泊まりしているのだろうか。また炊き出しにでも並んでいるのだろうか。別れた奥さんは大野さんが山谷で生活しているなんて、夢にも思っていないだろう。

一緒に飯場を巡って仕事探しをしたスキンヘッドの男は、あれから上手いこと仕事を手に入れることができたのだろうか。またどこかで誰かに迷惑をかけていないだろうか。

地下鉄の男たちは今ごろスコップを振り回しているだろう。僕と同じ年齢だった浜田君はトン公してからどこへ行ってしまったのだろう。またどこかの飯場に入っているのだろうか。

僕の人生をしきりに心配してくれたタイの男は、タイで生活しているに違いない。今ごろ犯罪まがいの悪巧みでも考えているのだろうか。

先日ここの飯場を去った長髪の林さんは、山谷のドヤでテレビを見ながら酒でも飲んでいるのだろうか。飯場で稼いだ後だから、しばらく働かないで自由気ままに生活しているはずだ。

逃げるように飯場を去っていった変わり者の小島さんは、山谷や飯場の生活から脱出したいと言っていたが、新しい人生を見つけることができたのだろうか。また山谷に戻っているのではないだろうか。

ドヤ街や飯場で出会った男たちは、みんなそれぞれの人生を持っていた。共通しているのは、みんな宿なし、金なし、家庭なし。自由気ままに生きるけど、振り返っても歩んだ道は消えている。気がつけば、経験やモノや金にしろ、残っているものがほとんどない。

　男たちは、働いて、お金を貯めて、車を買って、オシャレして、美味しいものを食べて、旅行して、マンションを買ってという、僕たちが疑うこともない欲望とは逆行している。彼らはなるべく働かずに、最低限の生活で、縛られることもなく自由に生きる人生を選んだ。決して幸せだと声を大にして言える人生ではないけれど、そんな生き方を否定することはできない。選択は個人の自由だ。

　また建設業界の末端で働く彼らは、中間業者に給料の天引きをされ、景気が悪くなればすぐに仕事がなくなり、危険と隣り合わせの労働環境という、厳しい状況を背負ってもいる。だが、その逆境を利用するかのように、さらにはそれをはね返ししたたかさを持ちながら、誰に縛られることもない気ままな生活を送っている。

　僕は決してそんな人生を選ぼうとは思わないけれど、彼らの生活を見ていると、僕たちが走っている競争社会で生き残ることだけが人生の正解というわけではないと思えた。

　飯場での最後の食事は田村さんが気を利かせたのか、マグロの刺身が食卓に並んだ。口に入れると、半分凍ったままの刺身はシャリシャリと音を立てた。こんな凍った刺身を食べたのは久しぶりだったが、田村さんの心遣いが嬉《うれ》しかった。

食事を済ませると、社長から給料袋を手渡され、飯場生活にピリオドが打たれた。もう二度とこんな不味い食事を食べ続けることもないのかと思うと、少し寂しくもあった。

エピローグ　僕の選択

山谷や飯場での体験を終えて現実世界で待ち受けていたのは、就職活動だった。もちろん今度は、山谷や飯場での就職活動ではなく、大学院生としての就職活動だ。いつの間にやら、そんな時期になっていた。

自分が企業への就職活動をするかどうかは悩んだ。正直言って、大学院にもう一年残ることも考えた。大学院では留年すること自体、そんなに珍しいことではない。

でも、僕は大学院を出ることに決めた。なぜなら、やりたいことが見つかったからだ。そしてそれは、大学院という箱の中にはなかった。もちろん、飯場やドヤ街に住もうとも、フリーアルバイターになろうとも思わなかった。

そもそも僕の関心はドヤ街や飯場そのものの中にあったわけではなかった。社会の常識や規範からはみ出してしまった人と社会との関係。そして自分とそれらとの関係に関心があった。また、その中に自分の居場所を見つけたかった。

その答えが見つかったわけではない。ただ、今回の体験によって、マスメディアの情報や社会の常識や価値基準というものが絶対的な価値ではないということが実感としてわかった。そして忙しいマスメディアが簡単に社会問題として括ってしまうものや、見落としている情報の中にこそ、人間社会の核のようなものが沈澱していると思えた。

今回はたまたまドヤ街や飯場だったけれど、社会にはそれ以外にもマスメディア的な視点からでは見えない世界があるはずだ。

僕は今後、そんな社会の目からこぼれ落ちてしまった「声」を拾い、記録にとどめ、多くの人々に伝えたい。仕事になり得るかどうかは別として、それが僕のやりたいことだ。そんな常識の裏側の人生にこそ、社会の多くの人が社会生活を送る上で心の奥底に押し沈めてしまった、人間の欲求や願望などの奥深さが眠っているように思う。そして社会の裏側の生き方や注目されない生き方というものを見ることによって初めて、自分たちの社会というものを客観的に映し出すことができるのではないだろうか。

ところで今の僕は、社会がどうだ、マスメディアがどうだ、常識がどうだ、と考えたところで、実はそれらを実体験としては知らない。そんな立場からの発言には説得力も生まれない。自分で言っていても歯が浮いてしまう。僕は二年前に、僕を縛ろうとした社会や常識というものから逃げてしまった。でも今、僕はそれを一度体感してみようと思っている。ひょっとしたらその中に答えが隠されているかもしれないし、答えがないにしろ、社会全体に対する見方は変わり、考えも深まるはずだ。

また、すくなくとも就職活動を始めることで、社会を恐れてやみくもに逃げている自分からは脱出できそうに思えた。実際に就職してみて肌に合わなければ辞めればいいし、水に合っていればそのまま続けるのも一つの人生だ。

僕はとりあえず就職活動の雰囲気だけでも感じてみようと、ある企業の就職セミナーに参加した。髭を剃り、髪を整え、スーツを着て東京の街中を歩いていると、数週間前まで山谷に住み込んで飯場にまで働きに行っていたことが、まるで嘘のように思えてくる。履き慣れない革靴で靴擦れし、歩くたびに痛い。ショウウィンドウのガラスに映るスーツ姿の自分が、まるで他人のように見えた。

就職セミナーの会場に着くと、パリッとしたスーツで身を固めた学生たちで溢れていた。みんな緊張しているようで、顔に力が入っている。二歳ほど年下の学生たちは少し幼く見えた。

はたして彼ら彼女らは、どのような学生生活を送り、どのような考えを持って就職を決断し、この会社へ足を運んだのだろうか。ただ何となくか、一流企業に入りたいからか、安定を求めたいからか、給料が高いからか、資格を生かしたいからか、社風に感銘を受けたからか、この会社で実現したい何かがあったからなのか。

そんな集団の中に入ると、何だか自分が場違いなところへ来てしまったような、そんな居心地の悪さを覚えた。

今日はただの説明会だと聞いていたので何も準備をしていなかったが、エントリーシートを記入させられた。

「当社に入ってやりたいことは何ですか」

僕にはそんなものはなかった。いや、考えたことすらなかった。数週間前まで飯場で働いていたのだから、そんなことを考えている余裕はなかったし、考えようとも思わなかった。僕は自分がやりたいことはぼんやりとは見つかっていたけれど、それはこの会社の中でやるような部類のものとは思えなかったし、すぐに仕事になるようなものでもなかった。またそれを具体化するには僕はまだまだ未熟なようだった。僕はいろいろな意味で大人になりたかった。力をつけたかった。技を身につけたかった。だから一度、社会に出てみようと決意した。言ってみれば、安易な発想による就職活動だ。最悪の動機だ。でも、流されて選んだことでもなければ、何となく選んだことでもない。自分で考え、自分で悩み、自分で選んだ結論だ。

エントリーシートを白紙で出すわけにもいかないので、僕はその場しのぎで適当な言葉を並べ、それらしいことを書いた。自分を騙し、今まで考えたこともないような嘘を必死になって考えながら。

エントリーシートを記入し終わると面接を受けさせられた。

「自己PRをして下さい」

一体何を言えばいいのだろうか。まさか面接までするとは思っていなかったので、何の用意もしていなかった。

僕はここ数年間、一体何をやってきたのだろうか。自己PRすらまともに言えない。この会社に入って実現したいことや、自分の能力でできることが何一つ見つからない。もちろん、資格も持っていない。急に自分がとてつもなく小さい存在に思えてきた。就職活動という価値基準の中での僕のPRポイントとは何なのだろう。そして、巨大化した複雑な日本社会の中での僕のPRポイントとは、一体、何なのだろうか。

だが、本当は自分を主張できるはず、いや、自分を主張したいはずだ。僕は山谷や飯場での体験や考えたことから、それだけのものは十分に持って帰ってきたつもりだった。でもそれらは、会社という枠からはみ出した考えでしかない。僕は自分の主張を押し殺すことでしか社会に適応できないのだろうか。

社会に対する拒否反応が自分の心の中に潜んでいることを再確認させられる。ひょっとしたら、僕自身も山谷の男たちのように、どこか社会に背を向けたアウトサイダーなのだろうか。

　そのようなことを思いつつも、僕の口からは、でまかせの言葉が面接官に向かって途切れなく続いた。

文庫版あとがき

その後の僕はというと、どこかの大企業でバリバリと働いたわけでもなければ、父親と同じように公務員になったというわけでもなかった。

手探りの中、就職活動を進めてたどり着いた目標は、テレビのドキュメンタリー番組を作りたいということだった。深夜に細々とやっているドキュメンタリー番組を見ているうちに、ここでなら僕の関心を形にできるかもしれないと思うようになったのだ。

就職活動を始めてから紆余曲折《うよきょくせつ》はあったものの、知人からの誘いで、ある小さな番組制作会社で働くこととなった。

でも、その番組制作会社はドキュメンタリー番組を作っている会社ではなく、情報番組やバラエティー番組、音楽番組を制作している会社だった。初めはアシスタントディレクター、いわゆるＡＤからのスタートだったけれども、仕事は新鮮で楽しかった。

当時、デジタル化が進んでいたテレビ業界ではアナログな編集機からパソコンでの編集に移行していて、深夜の番組ではカメラマンが撮影するのではなく、ディレクター自ら撮影する機会が増え始めていた。

そんな時代の中、もともとパソコンやカメラが好きだった僕は、ディレクターが編集を終えた後に会社に残って操作を勉強していた。まだまだ実践で使うことはなかったけれど、それを覚えたことで、何か自分が一つ大きくなれたような実感がわいた。睡眠時間を削って会社に泊まることも少なくなかった。

やがて番組のディレクターの人員が足りなくなると、ＡＤの僕にまで取材や編集の仕事が回ってくるようになる。与えられた仕事をこなせると、次から次へと仕事を任される。すると雑用の仕事も少なくなり、後輩の数が増えてくる。

代替え可能な未熟練の労働者ではなく、自分の腕や体に経験や技術が蓄積されていくのを肌で感じた。そしてその対価としての給料も上がっていくやりがいのある仕事だった。社会の中で働くのもまんざら悪くないと思える自分がいた。

それからいくつかの番組制作会社を渡り歩き、一時期テレビの仕事から離れていた時期もあったが、山谷の体験から八年以上が経った今現在でも、テレビ業界の片隅で働いている。

以前は小さな番組コーナーを作るディレクターだったけれど、最近ではだんだんと任される分量も増えてきた。いまだにドキュメンタリー番組は作れていないけれど、この仕事と出合えて良かったと、心の底から思っている。

正直なところ、山谷に行く前の僕はマスコミを嫌っていた。「以前の僕」が「今の僕」を見たら、笑ってしまうかもしれない。

だが、自分の選択が間違いだったとは思っていない。マスコミの一員として働く今も、山谷や飯場に潜入した頃の気持ちを忘れたわけではないからだ。忙しいテレビ番組の現場で働きながらも、今までのマスメディアにはない視点や切り口で、マスコミが伝えない社会の側面を描けないかと考えている。

そしてようやく最近、その思いを形にするための一歩を踏み出すことができた。自分の好奇心の赴くままに、休みの日になるとビデオカメラ片手に取材活動を始めたのだ。

テレビの仕事でもなければ何かの形にできる保証もない。もちろん発表する場所の保証もない。でもその取材を通して自分なりに社会の中で見えてくるものが確実に存在していた。

その取材は、いつ完結するかも分からないけれど、自分なりに何かをつかめるまで続けるつもりだ。テーマもよく見えていない好奇心に任せたその取材は、仕事仲間のディレクターが聞いたら鼻で笑ってしまうようなものだ。でもそんな無計画なものの中からでも世の中の真理のようなものや人の心を動かすものが描ける可能性だってあるはずだ。予定調和じゃつまらない。

僕はまだまだ未熟者で、これから先も様々な困難や迷い、そして不安に襲われるだろうけど、そんな時には本書に書いた山谷や飯場での体験が支えとなってくれると信じている。いつになるかは分からないけど、またどこかでそんな僕の驚きや発見、そして感動を伝えられる日が来るのを願っている。

最後になりましたが、カバーデザインをしていただいた松昭教さん、幻冬舎の『幻冬舎アウトロー大賞』に携わる皆様、そして編集担当の有馬大樹さんには大変お世話になりました。おかげでこの本を世に出せることとなり、さらには文庫となるチャンスまでいただきました。最後まで読んでくださった方々とともに御礼申し上げます。

二〇〇八年十一月　　　　　　　　　　塚田努

この作品は二〇〇五年十二月小社より刊行されたものです。

本作品には、人権にかかわる差別的な表現が一部含まれていますが、作者の意図が差別を助長するものではないこと、また、作品の背景をなす状況を表すための必要性などを考慮し、表記の訂正は一部にとどめました。なお、プライバシーの保護のため、一部の個人名は仮名としました。

GENTOSHA OUTLAW BUNKO

だから山谷《さんや》はやめられねえ

「僕《ぼく》」が日雇《ひやと》い労働者《ろうどうしゃ》だった180日《にち》

塚《つか》田《だ》努《つとむ》

平成20年12月5日　初版発行
平成21年3月20日　4版発行

発行者――見城徹
発行所――株式会社幻冬舎
〒151-0051東京都渋谷区千駄ヶ谷4-9-7
電話　03(5411)6222(営業)
　　　03(5411)6211(編集)
振替00120-8-767643
印刷・製本――中央精版印刷株式会社
装丁者――高橋雅之

幻冬舎アウトロー文庫

ISBN978-4-344-41242-2　C0195　　O-98-1